TOYAH DIEBEL

Weiber

Von Dinkelmüttern, Powerfrauen und anderen Emanzen

KOMPLETTMEDIA

Originalausgabe
1. Auflage 2019
Verlag Komplett-Media GmbH
2019, München/Grünwald
www.komplett-media.de
ISBN: 978-3-8312-0545-5
Auch als E-Book erhältlich

Lektorat: Redaktionsbüro Diana Napolitano, Augsburg
Korrektorat: Redaktionsbüro Julia Feldbaum, Augsburg
Umschlaggestaltung: Stephen Overmeyer
Satz: Daniel Förster, Belgern
Druck & Bindung: GGP Media GmbH, Pößneck
Printed in Germany

Es geht darum, die Wahl zu haben.
Auch wenn man(n) (k)eine Frau ist.

Inhalt

Judith

Die kurze Fahrt im Aufzug reicht, um ihren Magen aus den Angeln zu heben.

Der gestrige Abend wird noch mal kurz in Form eines säuerlichen Aufstoßens wiederbelebt, das muss wohl der Whiskey Sour sein, kein Wunder, davon hat sie mindestens acht getrunken. Oder neun. Oder zehn. Abgesehen von dem ekelhaften Geschmack im Mund mag sie aber das Gefühl dieses morgendlichen Katers ganz gern, denn der ist jetzt eher noch ein angenehm schnurrendes Kätzchen oder besser gesagt: Sie ist noch besoffen. Guten Morgen, Donnerstag.

Ihre Agentur hat einen Pitch gewonnen, also einen neuen Auftrag an Land gezogen, für den ihr Team und sie fast zwei Wochen durchgearbeitet haben. Tag für Tag und Nacht für Nacht hat sie auf ihr Privatleben verzichtet, ihre Wohnung vermüllen lassen und mit niemandem mehr als zehn Worte gewechselt, der nicht einer ihrer Kollegen war. Dafür haben sie und ihr Team nun einen Etat von fast einer Million Euro für die Agentur erarbeitet, das größte Budget, das es jemals bei ihnen gegeben hat, mit ihr als leitende Projektmanagerin. Bonuszahlungen gab's bei ihnen nicht, weswegen ein Komplett-Ab- und Filmriss das Mindeste war, mit dem man sie belohnen konnte. Jeder wusste, wie legendär die Partys in ihrer Agentur waren, die wildesten Gerüchte waren bis über die Stadtgrenzen hinaus darüber im Umlauf, von denen das meiste aber auf jeden Fall der Wahrheit entsprach. Bestimmt gab es sogar den ein oder anderen Kollegen, der ausschließlich deswegen angeheuert hatte.

Das Prozedere so eines Abends war immer das gleiche. Wurde irgendein Etat oder Pitch gewonnen, ertönte ein lauter Gong durch das Großraumbüro, ausgelöst durch ihren Chef, der mit einem Baseballschläger gegen eine riesige Kneipenglocke schlug, die sie mal in einer ähnlichen Erfolg-Zelebrierungs-Nacht-und-Nebel-aktion geklaut hatten. (Da waren sie auch nicht nüchtern gewesen, weswegen es auch irgendwie okay war.)

Den ganzen gestrigen Tag hat sie auf diesen erlösenden Gong gewartet und wäre fast ohnmächtig vor Erleichterung vom Stuhl gerutscht, wenn ihr nicht Marius, der Art-Direktor, ein belebendes Glas Prosecco in die Hand gedrückt hätte, als es endlich passierte. Ihr Chef, der sich selbst den Namen »Alpha-Boss« gegeben hat, stand unter der besagten Glocke und mit Baseballschläger auf der Schulter feierlich auf seinem Schreibtisch:

»Girls und Boys – was soll ich sagen: IHR. SEID. DER. SHIT. Wir haben denen da draußen wieder mal gezeigt, wer die wahren Motherfucker im Game sind, und sechs der größten Agenturen Deutschlands den Mittelfinger gezeigt. Wir haben den Pitch für diese Scheißbank gewonnen und werden diese Kuh jetzt abmelken bis zum Gehtnichtmehr. Mein besonderer Dank geht vor allem an Judith, unsere Juju, eine echte Powerfrau, die gezeigt hat, was sie für dicke Eier hat. Und jetzt lasst uns feiern!«

Alpha-Boss hat ihr daraufhin mit einem Zwinkern zugeprostet und sie den Rest aus ihrem Glas in einem Zug runtergekippt.

Wie in jeder hippen Agentur Berlins gab es auch bei ihnen mindestens drei Mitarbeiter, die nebenberuflich noch als DJ arbeiteten und an Abenden wie diesen das Büro dank göttlicher Anlage in einen Klub verwandelten. Je nach Pitch und Größe des Erfolgs gab es dazu eine andere Partyüberraschung: Bodybuilderinnen, die in Planschbecken voll mit Mayo catchten, einen als Wolfgang Petry verkleideten kleinwüchsigen Alleinunterhalter bis hin zu einem Schimpansen, der ihnen zwei Stunden lang Mojitos mixte. Mehr konnte er nicht, war aber trotzdem ein Hingucker. Eigentlich gab es nichts, was nicht passieren konnte, solange es nicht dokumentiert wurde. Fotos machen nicht erlaubt, »what happens in the agency, stays in the agency«.

Gestern jedenfalls wurde eine zahnlose Stripperin eingeladen, die außer Strippen und einer gespaltenen Zunge noch tolle Tricks mit einem Tischtennisball draufhatte. Alpha-Boss hatte 50 € für den geboten, der den Ball mit dem Mund auffangen konnte, nach einigen Gläsern Prosecco wollte das natürlich jeder mal probieren.

Spätestens da waren alle voll genug, aber dank der schnellen Ankunft von »Ali«, ihrem Haus-und-Hof-Koks-Taxi, passten noch mehr Alkohol und Tischtennisbälle rein. Die Kosten wurden dann von der Buchhaltung per Bar-Quittung einfach unter »sonstige Ausgaben« verbucht: so Berlin!

Weil wegen der pulverisierten Verpflegung zwar alle nur noch Scheiße redeten, aber eben noch gut reden konnten, ging es direkt weiter ins Ebert. Das Ebert ist eine Bar, quasi DIE Bar für das »Who is Who« der

Szene, mit besonders harter Tür, niemand kommt hier rein, der nicht irgendjemanden kennt, der irgendjemanden kennt, man bleibt unter sich und geht nicht die Gefahr ein, mit irgendwelchen peinlichen Nobodys ins Gespräch zu kommen, sowieso die größte Sorge unter denen, die besonders wichtig sind. Das Einzige, was allerdings schwerer war, als in die Bar reinzukommen, war, wieder rauszukommen. Ach, ein Drink noch, dazu noch 'ne Kippe, oh Drink leer, na ja, einer noch. Noch eine ballern? Ja, klar. Schwupps, war es sechs Uhr morgens, obwohl man doch gerade erst gekommen war.

Nach drei Stunden Wachschlaf in voller Montur auf dem Sofa ist sie jetzt auch drei Stunden zu spät im Büro. Stört natürlich niemanden, selbst die HR-Claudia ist noch nicht da, wahrscheinlich weil die sich noch mit dem Praktikanten eine Monsterbahn Kokain auf den Tresen gelegt hat, als sie schon am Gehen war. Mitarbeitergespräch, sozusagen. Normal war das natürlich alles nicht, aber geil.

Ihre Freundin Lena hat neulich zu ihr gesagt: »Das hält doch keiner lange durch.«

Natürlich verstand die aber bloß überhaupt nichts von dem Leben, das sie hier führte. Werberlife, Medienbranche, 'n Berlin-Ding – halt anders, nichts für Normalos wie Lena.

Im Büro ist es auffällig still, gerade mal die Hälfte der Plätze ist belegt, auch von Alpha-Boss keine Spur. Nur der Tischtennisball schwimmt noch unschuldig in einem Becher auf seinem Tisch. Die andere Hälfte ist OOO, »Out of Office« oder HO, »Homeoffice«, das klingt besser als »bin noch zu voll, komme heute nicht«, ist aber genau das Gleiche.

Mareike, die graue Maus am Empfang, ist anscheinend schon länger da, frisch sieht sie aber gar nicht aus und macht jetzt auch mit ihrem Teint dem Beinamen alle Ehre. Die hat als eine der wenigen gestern außer Alkohol nichts in sich hineingeschaufelt, selber schuld, Anfängerfehler – Mischkonsum war das Geheimrezept aller Unter-der-Woche-Feiernden, das musste Mareike noch lernen. Die kramt dafür apathisch in der Büro-apotheke, einem Schuhkarton voll mit Tabletten, in der Hoffnung, irgendwas zu finden, was ihr wieder etwas Leben einhauchen könnte.

»Auch 'ne Ibu?«, röchelt sie ihr entgegen. Klar, warum nicht, sie schluckt direkt zwei, Kopfschmerzen könnten schließlich später noch kommen, sicher ist sicher.

Sie fühlt sich noch fluffig wie in Watte gepackt und freut sich schon, gleich mit den Kollegen die Highlights des gestrigen Abends bei einer Zigarette Revue passieren zu lassen. Jemand würde dann sagen, »dass die

14

Kippe ja eigentlich schon wieder ganz gut schmeckt«, und »ein Glas Prosecco dazu wäre doch jetzt auch was Feines«.

Und alle würden lachen und sich ein bisschen besser fühlen, dass sie mit dem Gedanken nicht allein waren. Keiner von denen hätte aber wirklich gern ein Glas Prosecco, sie schon. Ein paar Stunden später sähe die Laune im Büro sowieso ganz anders aus, einer würde kotzend über der Kloschüssel die fettige Lieferpizza rauswürgen und alle anderen wie Schlaganfallpatienten vor ihren Bildschirmen sitzen und so tun, als würden sie arbeiten.

Natürlich würde aber keiner wirklich was tun, sondern abwechselnd von irgendwelchen YouTube-Videos auf die Uhr gucken, die nur in Zeitlupe voranschreiten würde.

Sie würden nach Hause gehen und sich denken: »Ich bin zu alt für den Scheiß«, und mindestens drei Tage vergehen lassen, bis man eben diese Vorsätze wieder vergessen hätte. Wie bei fast allem in der Welt gab es aber auch hier eine Ausnahme, das war dann die Person, die einfach weitermachte und das Kätzchen erst gar nicht zum Kater werden ließ. Die Person würde aufgedreht durchs Büro schweben, gar nicht verstehen, wieso alle so fertig waren, und dafür sorgen, dass sie selbst niemals fertig werden würde. Die Ausnahme war sie.

Deswegen läuft sie, bevor sie überhaupt den Laptop auf ihrem Schreibtisch aufklappt, lieber noch mal schnell zum Supermarkt.

Dort steht sie jetzt vor dem Weinregal und greift nach dem Weißburgunder, schön trocken, leicht bekömmlich, 3,45 € die Flasche. Schönes Etikett, tolle Farbe, passt gut zu Fisch und Schalentieren. Oh, und auch noch öko! Super! Einfach super, superegal, Hauptsache schnell im Kopf.

Sie holt sich noch einen Alibi-Brokkoli aus der Gemüseabteilung und läuft zur Kasse. Vor ihr steht ein Penner, dem die Hose schon fast in den Kniekehlen hängt, sie ekelt sich. Er legt zwei kleine Fläschchen Kümmerling aufs Band und zählt in Zeitlupe kupferfarbene Centstücke aus seiner Hosentasche, dazu dieser Geruch, es ist kaum auszuhalten.

Ihr Kätzchen schnurrt jetzt nicht mehr ganz so angenehm, der Kater sitzt fett und fauchend vor der Tür und kann es kaum erwarten, hereingelassen zu werden.

Da sie sich ihren kompletten Endorphinhaushalt gestern aus dem Schädel gekokst hat, würde der Kater heute besonders leichtes Spiel haben, sie aus dem Leben zu scheppern. Es würde anfangen mit leichtem Schwitzen, Paranoia, Kopfweh, das Herz würde anfangen zu rasen, die Depressionen würden jeden Gedanken in ihrem Kopf überschwemmen und dann in einer ast-reinen Panikattacke enden.

Die könnte sie dann nicht mehr so einfach verbergen, und das wäre natürlich mehr als peinlich. Schwitzen tut sie schon jetzt. Sie klammert sich an die Flasche Weiß-burgunder, die sie jetzt wirklich langsam mal von innen sehen muss. Warum braucht der Penner denn so lang? Der dreht sich zu ihr um:

»Haste bisschen Kleingeld für mich?«

Sie schüttelt genervt den Kopf. Seinen Rausch wird sie ganz sicherlich nicht auch noch mitfinanzieren – schließlich muss sie sich erst mal um ihren eigenen kümmern. Der Penner mustert sie von oben bis unten und bleibt mit seinem Blick auf der Weinflasche hän-gen. Er macht »pff« und schlurft raus auf die Straße – Suchtis wissen, wenn sie Suchtis sehen.

Ihre Nervenstränge sind mittlerweile so dünn, dass sie sogar vom Piepen des Barcodescanners zusammen-zuckt und es sich anfühlt, als stünde sie seit vier Jahren an dieser Kasse, die Synapsen drehen langsam durch. Jetzt geht alles wieder viel zu schnell, sie ist dran, ups, peinlich – der Geldschein ist noch eingerollt, sie lacht verlegen und viel zu laut, die Frau an der Kasse hebt die Augenbrauen. Was will die denn jetzt, die soll mal nicht so tun, oder sieht die ihr etwa an, was los ist? Scheiße, die hat bestimmt alles durchschaut. Schnell hier raus, Paranoia incoming.

Vor dem Supermarkt schmeißt sie den Brokkoli in den Mülleimer und stellt sich zwei Häuser weiter in eine Hofeinfahrt. Sie kippt den Weißburgunder in knapp acht Zügen hinunter und läuft zurück ins Büro. Schon nach ein paar Minuten schnurrt das Kätzchen wieder, von Schwitzen keine Spur mehr, dafür ist sie jetzt endlich richtig wach. Und auch fast ein bisschen gut drauf, aber nicht drauf genug.

In der Agentur ist bereits die zweite Phase angebrochen, Mareike, die graue Maus vom Empfang, hat ihren Arbeitsplatz in die Toiletten verlegt, wo sie gerade das Mittagessen auskotzt. Ihr Chef ist zwar mittlerweile auch eingetrudelt, sieht aber eher aus wie der »Beta-Boss« und sitzt mit beeindruckend weit nach unten gebogenen Mundwinkeln und mit Sonnenbrille an seinem Schreibtisch.

Der Rest aller Anwesenden ist damit beschäftigt, das Ende des Tages herbeizusehnen oder dafür zu beten, dass ja keine anstrengenden Mails ins Postfach flattern.

Sie ist die Ausnahme, ihr geht's jetzt wieder super. Marius, dem Art-Direktor, den sie gestern noch mit dem Taxi zu Hause abgesetzt hat, scheint das auch aufzufallen.

»Krass, hast du noch 'ne Fahne.«

Ihr Kopf sagt: »Klar habe ich 'ne Fahne, wer hat die nicht nach 'ner Pulle Wein? Ich bin wahrscheinlich Alkoholikerin, aber ihr sauft ja auch alle. Ich denke, wir haben alle ein sehr ernstes Problem und sollten zur Suchtberatung.«

Ihr Mund sagt: »Von gestern halt, du hast auch 'ne Fahne. Was geht heute Abend?«

Thema erledigt.

Muss ja niemand wissen, dass sie ohne den Ausflug zum Supermarkt schon längst mit Nervenzusammenbruch, hyperventilierend und heulend auf dem Klo sitzen würde wie eine, die auf jeden Fall in die Klapse gehört oder mindestens in einen Entzug.

Die ganze Flasche Weißburgunder hat sich nun nach der halben Stunde Reise durch ihr Blut auf ihrem Höhepunkt entfaltet und knallt leider ein bisschen mehr rein als erwünscht. Hoppla, sie ist ja wieder ganz schön voll. Das könnte vielleicht dann doch etwas auffällig werden, und arbeiten kann sie so auch auf keinen Fall mehr. Zum Glück ist sie gestern nicht so gierig gewesen und hat den Rest aus Alis Koks-Kapsel einfach in die Hosentasche gesteckt, anstatt ihn wie sonst einfach trotzdem noch in die schon völlig verstopfte Nase reinzupressen.

Das würde sie wieder etwas klarer im Kopf machen, nichts harmonierte besser als Alkohol und Koks, die Hänsel und Gretel der Betäubungsmittel.

Sie geht auf die Damentoilette, wo sich Mareike nach wie vor die Seele aus dem Leib kotzt. In der Kabine neben ihr haut sie sich den letzten Rest des weißen Pulvers in die Nasenlöcher und ist innerhalb von Einmal-Kopf-in-den-Nacken-Werfen wieder voll die Alte.

Auf dem Weg zurück zu ihrem Arbeitsplatz tun ihr ihre Kollegen fast ein wenig leid, wie sie wie durchgegurgelte Schlückchen Wasser vor ihren Bildschirmen sitzen und ihr Dasein fristen. Nicht so wie sie, ihr geht's jetzt einfach großartig. Sie IST großartig! Yeah! Sie guckt in Richtung Alpha-Boss, der bis zu diesem Zeitpunkt außer einem unverständlichen Röcheln noch nichts von sich hat hören lassen, sich aber jetzt mühsam von seinem Stuhl erhebt:

»Judith, komm mal mit in den Alpha-Tower.«

Der Alpha-Tower war ein Kasten aus Glas, den er sich in das sonst sehr hellhörige Großraumbüro hat bauen lassen, um Kunden utopische Summen um die Ohren zu hauen oder unangenehme Mitarbeitergespräche zu führen, ohne dass er dabei belauscht wurde. Unangenehme Mitarbeitergespräche. UNANGENEHME MITARBEITERGESPRÄCHE! Paranoia, willkommen zurück.

Er hat die Verwandlung nach ihrem Toilettenbesuch à la Mini-Playbackshow genau beobachtet und durchschaut, er wusste nun alles. Sie ist ein erbärmlicher Druffi, und so sieht er das nun auch. Der will sie rausschmeißen. DER WILL SIE RAUSSCHMEISSEN! Ihr wird knallheiß. Sie läuft mit weit aufgerissenen Augen hinter Alpha-Boss in den Alpha-Tower und versucht, sich irgendeine plausible Erklärung zusammenzuzimmern, warum das alles absoluter Zufall war und wirklich einmalig und … und … und … in ihrem Kopf ist einfach nur noch Scheiße.

Spätestens jetzt müssen auch alle ihre Kollegen Bescheid wissen, die durch die gläsernen Wände des Alpha-Towers gaffen, ja, sie starren sie an, jeder kann ihr ansehen, dass sie nicht ganz dicht ist, sogar total dicht ist, Alki und Drogenproblem, sie weiß, dass die das denken. Sie setzt sich gegenüber von Alpha-Boss auf den Stuhl unter dem riesigen Bild einer sehr attraktiven Frau mit prallen Brüsten, die sich aus Versehen an einem großen Schluck Milch verschluckt haben muss. (Es ist Kunst, ein berühmter Berliner Szenefotograf hat es ihm zum Einzug geschenkt.)

Er dreht sich eine Zigarette und sitzt angestrengt lässig vor ihr, Tabakkrümel hängen in seinen Mundwinkeln, er schweigt.

Sie ist ein Wrack. Sie kann nicht mehr. Und jetzt ist es endlich vorbei.

Eine Woge der Erleichterung überkommt sie.

Alpha-Boss: »Juju, ach Juju. Sieh dich nur an. Das ganze Office inklusive mir ist nach dem gestrigen Abend ein abgefuckter Haufen. Nur du stehst wie ein Fels in der Brandung. Juju, du bist 'ne echte Powerfrau. Herzlichen Glückwunsch. Du bist next Level, oder wie der Otto Normalverbraucher sagen würde: Du bist befördert!«

katharina

Sie stellt sich Menschen vor, die gern in Nudisten-Camps fahren. »Nudisten« – wie das schon klingt. Als würden die jedem ihre Genitalien ins Gesicht halten oder irgendwas damit anschrubbeln wollen. Leute, die in ihren Wohnzimmern umsonst Tantrakurse anbieten, Gipsabdrücke von Pimmeln bemalen und sich gegenseitig kleine Perlen in die Schamhaare flechten – wenn sie die schon nicht aus sicherer Entfernung im RTL-II-Nachtprogramm sehen will, dann erst recht nicht in ihren Sommerferien.

Andere Teenager dürfen auf coolen Jugendreisen abhängen, sie macht Urlaub mit den nackten, faltigen Geschlechtsteilen ihrer Eltern.

Sie würde sich ganz bestimmt nicht ausziehen, allein schon wegen ihrer Brüste nicht. Die sind so schrecklich groß, dass sie in der Schule jeden Tag drei BHs übereinander anzieht, um sie so platt wie möglich zu quetschen. Und hängen tun sie wie bei einer Kuh, alle sagen das.

Seitdem klar ist, dass sie ins Nudisten-Camp fahren, betet sie jeden Abend vor dem Schlafengehen, es würde bis auf die Grundmauern niederbrennen. Egal wie, egal warum. Ihretwegen könnte sich auch jemand in die Luft sprengen, natürlich auch nackt, Hauptsache, sie müsste da nicht hin.

Zwei Wochen später fährt sie trotzdem, eingepfercht zwischen ihren Geschwistern auf der Rückbank, über zwölf Stunden von Stuttgart nach Südfrankreich. Im Gegensatz zu ihr freuen sich ihre Geschwister richtig über die Reise, aber die sind noch im Kindergartenalter, denen sind fremde entblößte Pimmel und Scheiden noch egal.

Die Glücklichen.

Im Camp angekommen wird direkt sichtbar, vor was sie sich besonders gefürchtet hat:

Deutsche. Viele Deutsche. Schon vor ihnen in der Schlange am Auto-Check-in ein großes Wohnmobil, aus dem lautstark Popschlager, irgendwas Mark-Forster-Mäßiges, dudeln. Auf der Heckscheibe klebt ein großer Sticker: »Nacktschnecken an Bord«, die will man doch direkt kennenlernen.

Immerhin, die freundliche Dame am Check-in hat ein T-Shirt an und sieht auch sonst nicht aus wie eine Perverse, das macht ihr ein bisschen Hoffnung. Sie drückt ihnen einen Flyer in die Hand und weist ihnen einen Bungalow in »Südamerika« zu.

Zum Abschied nuschelt sie ihnen ein »Bienvenidos amigos« entgegen, den Gag macht sie heute sicherlich nicht das erste Mal. Moment mal: Südamerika? Sie sieht sich den Flyer genauer an, hier scheint es noch schlimmer zu sein, als sie erwartet hat: 5000 Nudisten auf 435 Hektar Land, das ist kein Camp, das ist ein ganzes Dorf, in sechs Kontinente unterteilt, warum nur sechs wird nirgends erklärt, vielleicht weil es in der Antarktis keine Nudisten gibt, wegen sehr kurzer Lebenserwartung – da würde sie definitiv als Nächstes hinwollen.

Ihre Familie und sie wohnen aber erst mal in »Haus Argentinien«. Nach Südamerika wollte sie schon immer mal, nach Argentinien aber bestimmt nicht mehr.

In Schrittgeschwindigkeit fahren sie durch das Camp, sie fühlt sich wie damals auf der Wild-Safari, mit dem Unterschied, dass sie hier in den ersten fünf Minuten schon mehr Rüssel gesehen hat als in einer Woche Nairobi-Nationalpark.

Im »Haus Argentinien« angekommen, finden auch ihre Eltern, dass es längst Zeit ist, sich zu entblättern.

Während sie splitterfasernackt das Auto ausräumen, sitzt sie apathisch im Plastikstuhl auf der Veranda und fummelt an ihren Socken. Sie will gerade mal wieder etwas in Richtung ihrer Eltern maulen, da wummst das Holzgatter auf, und ein Mann marschiert schnurstracks auf sie zu.

»Ahhhh, auch Deutsche? TOOOLL!!!«

Es ist der Nachbar von »Haus Uruguay« nebenan, natürlich ebenfalls nackt, aber ganz sicher kein Südamerikaner. Er strahlt über beide Ohren und freut sich, wie fast alle Deutschen im Urlaub, endlich wieder Deutsche zu sehen.

Ihr Stiefvater und er begrüßen sich überschwänglich, der Bauch des Nachbarn wackelt dabei wie ein Wackelpudding mit Zipfel drin. Er stemmt seine Arme in die Hüften, lässt Blicke und Hüften kreisen, überfliegt sein Gehänge und dann das ihres Stiefvaters: »Ich denk, wir können uns duzen, oder?« Beide lachen, klopfen sich gegenseitig auf die Schultern, und sie kommt in den Genuss eines wundervollen Anblicks: hüpfende, tanzende alte Hoden.

Der Nachbar stellt sich als »Der Uruguayaner« vor, er ist schon das sechzehnte Jahr in Folge im Camp und erwähnt das allein in den ersten fünf Minuten sehr häufig.

Eine Ehre also, neben ihm residieren zu dürfen, neben so einer nackten Instanz, einem Nudisten-Häuptling sozusagen. Sie ist schwer beeindruckt. Also gar nicht.

Er salutiert in ihre Richtung und hebt den Sonnenhut kurz von seiner braun gebrannten Halbglatze:

»Hola, que tal, bonjour Madame! Und du, du genierst dich wohl? Ich schau dir schon nichts ab, ist wohl das erste Mal hier für dich, was?«

Er lacht dabei wie ein rostiger Benzin betriebener Rasenmäher, so, wie dicke, nackte Männer Mitte fünfzig eben lachen. Außer dem Sonnenhut trägt er noch Outdoor-Trekkingsandalen mit Klettverschluss, Modell »Triebtäter«. Der ist auf jeden Fall pervers, vor dem zieht sie sich garantiert nicht aus.

Nach dem Ausladen und Auspacken geht's ins Campzentrum, der Uruguayaner ist auch dabei, alle nackt. Sie trägt Bikini. Er höchstpersönlich möchte sie ins Dorfleben einführen und danach den schönsten Teil des Strandes zeigen, wo sie gemeinsam ein kleines »Dejeuner«, also Mittagessen einnehmen könnten. Den Uruguayaner würden sie bestimmt bis zum letzten Tag des Urlaubs nicht mehr losbekommen.

Auf dem Weg wird klar: Für die Nudisten gibt es keinen Grund mehr, diesen Ort zu verlassen, Supermarkt, Shoppingmeile, Restaurants, alles da, und überall darf, nein, MUSS man nackt sein. So erklärt es zumindest nicht nur der Uruguayaner, sondern auch das Schild, vor dem sie jetzt schockiert stehen bleibt. Es ist auf Französisch, verstehen kann sie es trotzdem, die abgebildeten Zeichnungen sind auch für den letzten Idioten gut zu verstehen:

Strichmännchen nackig, grün. Strichmännchen T-Shirt, aber unten nackig, grün.

Strichmännchen ganz angezogen, rot, Strichmännchen kein T-Shirt, aber Badehose, rot.

Zieh an, was du willst, aber deine Genitalien müssen immer für alle sichtbar sein, altes Nudistengesetz. Können die gern alles so machen, wie sie wollen, sie würde da nicht mitspielen. Sie dreht sich mit verschränkten Armen zu ihrer Mutter: »Also, ICH zieh mich ganz sicher nicht aus.«

Weder ihre Eltern noch der Uruguayaner schenken ihrer Fleischesrebellion Beachtung und gehen, nein, wackeln in den Supermarkt. Dieser Laden offenbart ihr jetzt genau das, was sie sich nie zu träumen gewagt hat.

Menschen-Melonen, die über Wassermelonen hängen, Männer, die in Reih und Glied(-ern) an der Fleischtheke stehen, überall Würstchen, Schinken und Klößchen, überall Fleisch, Fleisch, Fleisch. Das ist ihr dann doch zu viel.

Sie hechtet aus dem Geschäft und setzt sich auf eine Bank, für den ersten Tag hat sie genug gesehen. Eigentlich auch schon genug für den ganzen Urlaub. Diese Bilder würde sie bis an ihr Lebensende nicht mehr aus der Birne bekommen, selbst wenn sie zu Hause von diesem Ort erzählen sollte, was sie natürlich nicht macht, sie ist ja nicht blöd, man würde es ihr ohnehin nicht glauben.

Von dem Platz auf der Bank aus kann sie hinter ihrer großen Sonnenbrille seelenruhig und unbemerkt das Treiben beobachten, denkt sie, aber sie irrt sich.

Denn die Nudisten scheinen sie ebenfalls zu beobachten. Kaum jemand geht an ihr vorbei, ohne sie zu mustern. Von Anfang an hat sie es geahnt, nein, gewusst, diese Nackt-Camper, diese Nudisten, haben nur auf sie gewartet und können gar nicht genug davon bekommen, sie anzugaffen. Sie, die Aussätzige, die Synthetik-Verräterin.

Genau wie die zwei Typen, die vor dem Kiosk an der nächsten Ecke stehen … und sogar ganz offensichtlich über sie tuscheln! Hat der eine gerade mit dem Finger auf sie gezeigt? Diese schamlosen Perversen! Sie verschränkt die Beine und legt einen Arm über ihre Brüste. So einfach würde sie es denen nicht machen. Ihr Manöver verstehen die beiden wohl auch noch als Aufforderung, denn sie kommen jetzt direkt zu ihr herübergelaufen.

Der eine ist groß und schlaksig, der andere klein und kompakt, sie sehen bisschen aus wie Dick und Doof in Nackt und ohne Hut.

Über ihren Genitalien hängt ein kleines Täschchen mit der Aufschrift »GARDE« – sie kann sich schon denken, was das auf Deutsch heißt: Wache.

Sie vermutet, dass beide das Gleiche darauf stehen haben, der Kompakte hätte sich das lieber direkt auf den Bauch schreiben sollen, der verdeckt nämlich sowieso alles.

Der fühlt sich jetzt trotz ihres gleichgültigen Blicks angesprochen und verschränkt demonstrativ die Arme. Er bellt: »Ça ne va pas!«

Sie kann eins und eins zusammenzählen. Dick und Doof sind also so was wie die Nackt-Patrouille, die sicherstellt, dass auch ja jeder Camp-Bewohner seine Genitalien frei schlackernd präsentiert. Da sie für Nudisten-Verhältnisse schon fast hochgeschlossen in ihrem Bikini aussehen muss, kann das natürlich keine Minute länger geduldet werden.

Auch der große, schlaksige Mann beugt sich ihr entgegen: »Tu me comprends? Ça ne va pas!« Seine Pimmelspitze guckt unter dem kleinen Täschchen hervor und ist fast auf der Höhe ihres Gesichts.

Sie schüttelt energisch den Kopf. »ICH ZIEH MICH NICHT AUS!«

Sie stellt sich vor, wie sie von der Nackt-Patrouille Dick und Doof in Handschellen abgeführt und in eine Zelle gesteckt wird, zusammen mit all den anderen angezogenen Partisanen.

Angeführt vom Uruguayaner kommen ihre Eltern zurück aus dem Supermarkt. Dieser scheint sich jetzt vollständig ihrer Familie zugehörig zu fühlen und prescht in seinen Outdoor-Trekkingsandalen zu ihr und Dick und Doof. Mit offenen Armen kommt er auf sie zu, sie begrüßen sich lautstark, er scheint hier tatsächlich kein Unbekannter zu sein. Er brabbelt auf Französisch auf die beiden ein, gestikuliert wild und lacht dabei wieder wie ein Rasenmäher. Natürlich versteht sie kein Wort, so oft, wie die Männer aber auf sie deuten, kann sie sich denken, um was es geht. Um ihren Bikini.

Dick und Doof gucken zwischendrin immer wieder verstohlen zu ihr rüber, zucken dann irgendwann mit den Schultern und gehen zurück zu der Ecke, von der sie gekommen sind.

Sie ist dem Uruguayaner jetzt ein bisschen dankbar, vielleicht ist er doch nicht ganz so pervers. Ihren Eltern jedenfalls ist die Situation sichtlich unangenehm, die rollen mit den Augen in ihre Richtung:

»Also jetzt wird's langsam peinlich.«

Ihr egal.

Sie gehen zum Strand, hier fühlt sie sich direkt etwas wohler, sie muss den Wald vor Bäumen nicht mehr sehen, weil endlich alles in einem großen Nudisten-Brei verschwimmt. Nur sie selbst scheint wie eine glänzende Kirsche oben auf dem Brei zu liegen. Wirklich jeder guckt sie an, Frauen, Männer, Kinder, sie alle wollen sehen, was sie zu verbergen hat. Sie kann regelrecht spüren, wie die Blicke sie ausziehen. Angewidert steht sie auf und verschwindet in den Fluten, während die anderen sich um das Picknick, das Dejeuner, kümmern.

Hier würde sie die nächsten zwei Wochen verbringen, im Wasser und geschützt vor den notgeilen Nudisten, ganz eins mit der Natur. Sie hüpft von Welle zu Welle, es ist herrlich, mit welcher Kraft sie hin- und hergewirbelt wird. Eine Welle trifft sie jetzt mit voller Wucht und reißt ihr die Bikinihose vom Körper.

NEIN!!! Sie gerät in Panik und taucht ab, greift wie ein Oktopus in alle Richtungen, irgendwo muss dieses Scheißteil doch noch sein. Es ist weg.

Sie beschließt, so lange im Wasser zu bleiben, bis das verfluchte Meer ihre Bikinihose entweder wieder an den Strand oder aber in ihre Hände spült. Nichts davon passiert, und nach einer knappen halben Stunde wird ihr kalt.

Zitternd und beide Händen schützend in ihren Schritt gepresst, stapft sie aus dem Wasser und lässt sich zu den anderen zurück auf die Decke plumpsen. »Also unten ohne und nur so mit dem Oberteil siehst du jetzt aber schon ein bisschen bescheuert aus«, sagt ihre Mutter.

Das sieht sogar sie ein. Die Perversen haben gewonnen, sie würde ihnen endlich geben, was sie wollten: ihren heiligen nackten Körper. Schwer atmend öffnet sie das letzte Stück Stoff, das nass an ihrem Körper klebt, und schämt sich zu Tode. Sie guckt um sich und sucht nach denen, die sie eben noch so widerwärtig beobachtet haben – jeden einzelnen, lüsternen Blick würde sie sofort abstrafen.

Doch irgendwie guckt keiner mehr.

Jessica

Seit zwanzig Minuten tigert sie nervös durch die Wohnung und guckt auf ihr Handy, weil der kleine blaue Punkt sich nicht mehr bewegt. Seitdem sie ihren Vermont mit einer App durch GPS-Ortung tracken kann, fühlt sie sich sicherer, vor allem an Tagen wie diesen, an dem er nach der Kita auf einem Kindergeburtstag eingeladen ist. Natürlich vertraut sie dieser anderen Mutter, sie hat vorher sogar ihren Insta-Feed gecheckt. Aber warum geht sie, @jannika8749, dann nicht an ihr Telefon, jeder geht irgendwann an sein Telefon, also nach sechzehnmal Klingeln auf jeden Fall schon. Irgendwas stimmt hier ganz und gar nicht. Sie ist sich sicher, dass ihre Follower das genauso sehen, die müsste sie deswegen mal schnell updaten, die Sicherheit von Kindern geht schließlich jeden etwas an.

Schnell vor die Terrassentür wegen besserem Licht, Gegenlicht nämlich, Story an:

»Hey, ihr Lieben, also ich habe leider keine guten News für euch, Monti lässt sich nicht mehr orten, ich bin total fertig mit den Nerven, super confused – hoffe, euer Tag ist besser. Was macht ihr so?«

Dazu postet sie ein Bild von Monti, auf dem er nicht ganz so glücklich aussieht wie sonst, ein freudestrahlendes Gesicht wäre jetzt nicht gerade angebracht. Sie tagged das Foto im Münchner Hirschgarten, da, wo er laut Einladung im Moment eigentlich sein müsste, Hashtag #WhereAreYou.

Natürlich lässt sie ihre Follower auch an Situationen wie dieser teilhaben, nur Happy Life und Ponyhof kann jeder, das gaukelt sie ihren Followern ganz bestimmt nicht vor. Nicht ohne Grund gehört sie zu den erfolgreichsten Mamabloggerinnen Deutschlands, sie ist authentisch und echt, nur so kann man Vorbild für Tausende von Frauen sein.

Dazu gehört auch ganz klar, alles von sich zu zeigen, das echte Leben nämlich. Wer weiß, wer gerade in einer ähnlichen Situation ist oder sogar das gleiche Problem mit dieser Tracking App hat. Sie jedenfalls kann normalerweise sehen, wie der blaue Punkt, ihr kleiner Vermont, auf dem Handy hin- und herhüpft.

Der aber macht jetzt gar nichts mehr, GAR NICHTS. Das hat etwas zu bedeuten, ganz sicher sogar.

Den kleinen, runden GPS-Anhänger hat sie beim Einkaufen in der Zoohandlung entdeckt. Er ist eigentlich für verloren gegangene Hunde gedacht, ihr Sohn ist ja aber wohl wichtiger als ein Hund. Deswegen clipst sie ihm den Anhänger jeden Morgen an den Hosenbund, damit kann sie sicherstellen, dass er sich nicht mehr ohne den Tracker bewegt. Außer natürlich, er zieht sich die Hose aus, aber das würde sowieso Alarm bedeuten, denn wieso sollte er, schlimmer noch JEMAND einfach seine Hose ausziehen.

Es ist fast 15 Uhr und @jannika8749, die versichert hat, alle Kinder nach der Party nach Hause zu bringen, ist immer noch nicht da und damit fast dreißig Minuten zu spät.

Es ist bombastisches Wetter draußen, und der Geburtstag soll im Münchner Hirschgarten stattfinden, warum also hat sie dann heute noch kein einziges Bild gepostet?

Das ist doch nicht normal, im Gegenteil, da ist was faul. Sie müssten schon längst auf dem Heimweg sein, laut ihrem Handy sind sie aber verdächtig lang an einer viel befahrenen Straßenkreuzung. Kindergeburtstag auf einer Verkehrsinsel, also das kann ja wohl wirklich nicht sein. Wo ist Vermont? Sitzt er da auf der Straße, haben sie ihn vergessen? Hat ihm jemand den Tracker abgerissen, und er wurde entführt, schon längst verschleppt nach Osteuropa? Vielleicht ist er verletzt? Bestimmt hat @jannika8749 nicht aufgepasst, er wurde von einem Auto angefahren und ist jetzt schwer verwundet im Krankenhaus.

Warum hat sie ihn überhaupt auf diesen Geburtstag gelassen, sie hätte wissen müssen, dass das für einen Vierjährigen viel zu gefährlich ist.

Sie ärgert sich, dass sie nicht gleich die GPS-Kamera-Version gekauft hat, dann hätte sie jetzt Gewissheit und könnte prüfen, was los ist. Denn da kann man sich sogar gegenseitig sehen UND hören, sie könnte Vermont in Notfällen wie diesen beruhigen und viel besser und näher bei ihm sein. Niemals könnte sie sich verzeihen, wenn ihm was zugestoßen wäre, gleich heute Abend, würde sie das neue Equipment bestellen.

Das Wort »Notfall« leuchtet wie ein Gif vor ihrem inneren Auge. Ja, es könnte ein Notfall sein. Es MUSS ein Notfall sein, deswegen MUSS sie auch sofort ihre Community informieren:

»Okay, Leute, ich noch mal, ich weiß nicht, wie ich es sagen soll, aber ich denke, es ist wirklich was Megaschlimmes passiert. Monti ist im Hirschgarten auf dem

Geburtstag von Luca, dem Sohn von @jannika8749, die hat aber noch NICHTS gepostet – wie megamerkwürdig ist das bitte?«

Sie macht ein Geo-Tag und hofft, jemand vor Ort liefert ihr mehr Infos.

Auf ihre Follower ist zum Glück wie immer Verlass, es hagelt sofort Nachrichten in ihrem Posteingang.

»Hab's geteilt!!!«

»Bin in der Nähe, ich guck mal ob da Kinder sind!«

»Hab @jannika8749 in meiner Story getagged!«

»OMG, halt uns auf dem Laufenden!!!«

»Mega-Horror! Würde ausrasten.« #shocked

»Selber schuld, ich würde mein Kind nicht allein lassen – Rabenmutter!!«

RABENMUTTER??? WIE BITTE???? Die letzte Nachricht lässt sie sofort explodieren. Wie kann diese fiese Hexe diese schreckliche Situation ausnutzen, um so über sie zu urteilen und sich derart schamlos in ihr Leben einzumischen! Sie klickt auf deren Profil und wird noch wütender. So, wie die aussieht, ist die doch selbst die Rabenmutter, mit ihren schlechten Tattoos und dem Plastikmund, außerdem sieht ihr Kind richtig dick und hässlich aus, der würde sie direkt eins reindrücken. Sie scrollt durch den Feed und bleibt auf einem Pool-Bild hängen, darauf zu sehen die Hexe und auf ihrem Schoß ihr dickes, hässliches Baby.

Überschrift: »Ganz schön schwer geworden, mein kleiner Lennox.« #wonneproppen

Sie kommentiert darunter: »Kein Wunder bei der Mutter.«

So, der hat sie es aber gezeigt. Direkt noch in ihrer Story teilen, den Rest würden dann ihre Follower erledigen.

Sie guckt auf die Uhr, schon wieder zehn Minuten vergangen, kein Lebenszeichen von Monti. Wenn er nicht bald auftaucht, kann sie sich sogar die Kooperation abschminken, die sie für den heutigen Tag eingebucht hat. Eine große Supermarktkette hat ihr eine Monatsration Saftbrei in Plastiktüten geschickt, alles, was sie dafür tun muss, ist, ein kleines Video zu drehen. Dieses Quetschi-Haul dreht sich aber sicherlich nicht von selbst und schon gar nicht ohne Monti.

Je später er kommt, desto schwieriger würde es werden, ihn bei Laune zu halten. Um die Uhrzeit ist er immer so schrecklich weinerlich, so wie zum Beispiel letzte Woche, als er ihr fast das Tutorial für die Dinkel-Pop-Cake-Backmischung versaut hat. Gerade noch konnte sie das Video so schneiden, dass es aussah, als hätte er wegen der leeren Packung Dinkel-Pop-Cakes geweint, war somit knapp einer Katastrophe entgangen, zum Glück hatte das aber niemand mitbekommen.

Der Kunde war von dem Ergebnis wie immer begeistert, aber noch mal so einen Stress musste sie sich wirklich nicht antun.

Eine neue Nachricht erscheint auf ihrem Display, jemand hat ihr ein Bild geschickt.

engelchen_muc23 schreibt: »Bin gerade Hirschgarten, hier ein Bild vom Spielplatz, ist das vielleicht Monti?«

Auf dem Bild zu sehen ist ein kleiner Junge im Sandkasten, aber sicherlich nicht ihr Vermont. Als ob sie ihm die Haare so bescheuert schneiden würde.

Sie versucht noch mal, @jannika8749 zu erreichen, ohne Erfolg. Heute Morgen hat sie ihr extra noch eine Nachricht geschrieben, wie wichtig es wäre, dass Monti pünktlich nach Hause käme, aber nicht mal die hat sie beantwortet. Es liegt auf der Hand, dass etwas passiert sein muss, sie googelt:

»Kind … auf … Kindergeburtstag …« Sie muss gar nicht weitertippen, die Suchmaschine vervollständigt ihre Anfrage von selbst und schlägt ihr vor:

»Kind auf Kindergeburtstag VERLETZT.«

Das ist ein Zeichen und ihre Panik alles andere als unbegründet. Etliche Artikel und Foren-Einträge von Eltern ploppen auf:

»Kind sticht sich mit Partyhut ins Auge!«
   »Vorsicht vor Girlanden: Würgegefahr!«
   »Eiweißschock, Sohn hat zu viel Torte gegessen, was jetzt?«

Sie schafft es nicht weiterzulesen, nicht auszudenken, was ihr Monti gerade durchmachen muss. Was ist, wenn er von Tränen verquollen oder entstellt ist oder ihm gar irgendwelche Gliedmaßen fehlen? Vor ihrem inneren Auge sieht sie ihn das Quetschi trinken, an der Hand nur vier Finger. Ein Albtraum. Wer will denn bitte so was sehen?

Eins ist sicher, dafür würde sie @jannika8749 zur Verantwortung ziehen, und selbstverständlich ist das heute auch der letzte Kindergeburtstag für Monti gewesen, ein so hohes Risiko würde sie nie wieder eingehen.

Es klingelt, sie rennt zur Gegensprechanlage.

»Hallo???«

»Halloooo, wir sind's!!«

Auf dem Bildschirm kann sie ihren Spross sehen, er lächelt, Gott sei Dank, ein Stein fällt ihr vom Herzen. Aber was ist das, er hat ja gar keine Hose an? Wo ist seine Hose? Sie hat es gewusst, es ist doch etwas Schreckliches passiert. Tränen schießen in ihre Augen, sie greift zum Handy. Schnell vor die Terrassentür wegen besserem Licht, Gegenlicht nämlich, Story an, sie schluchzt:

»Oh Gott, Leute, also Monti kommt gerade nach Hause, @jannika8749 trägt ihn die Treppe hoch und … und … er hat keine Hose an, ich … ich … ich bin total fertig.«

Sie fügt ein weinendes Smiley ein, rennt zurück zur Tür und dokumentiert, wie @jannika8749 mit ihrem Sohn auf dem Arm schnaufend die Treppe hochgestapft kommt. Der läuft hosenlos und ohne Begrüßung an ihr vorbei Richtung Kinderzimmer, sie guckt auf ihr Handy, die Kommentare überschlagen sich:

»OMG, er sieht ja furchtbar aus, was ist passiert??!!«

»Was hast du ihm angetan, @jannika8749!!!«

»Wo ist seine Hose???«

»Wieso schnauft die so?«

»Hab's geteilt!!!«

»Monti hat voll dünne Beine, sieht total abgemagert aus.«

Jannika, also @jannikas8749, steht noch immer leicht irritiert in der Tür. »Ja … also da sind wir wieder, 'schuldigung für die Verspätung, bei dem schönen Wetter kann man ja wirklich die Zeit vergessen, nicht wahr? Sag mal … hast du geweint?!«

Was für eine dumme Frage, natürlich hat sie geweint! Seit über dreißig Minuten kann sie ihr Kind nicht orten und ist jetzt dank ihr auch noch in Zeitnot, nur weil sie bei dem schönen Wetter ja mal die Zeit vergessen kann???

Sie hält Jannika, also @jannikas8749, ihr Handy ins Gesicht und tippt energisch auf den blauen Punkt, der noch immer bewegungslos an einer Straßenkreuzung wartet:

»Wo zum Teufel wart ihr! Was ist passiert! Ich konnte Monti nicht mehr tracken!«

Jannika versteht nur Bahnhof. »Wir … äh … waren doch im Hirschgarten?«

Sie keift: »WO IST SEINE HOSE!!!«

Jannika lacht. »Huch, ach so, ja, der kleine Mann hat sich in die Hose gepullert, die wollten wir jetzt nicht mitschleppen. Hab ich im Auto gelassen, wasch ich erst mal, ja?«

Stephanie & Stephan

Geburtsvorbereitungskurs,
Berlin-Mitte, 17:00 Uhr

Nach sechs Stunden Übungen und Vorträgen rund ums Thema Geburt haben die anwesenden Paare noch mal die Möglichkeit, letzte ungeklärte Fragen zu stellen. Zur Freude der Hebamme, die die ganze Nacht im Kreiß-saal verbracht hat, verlassen die Schwangeren mit ihren Partnern aber bereits erschöpft den Kursraum, der mittlerweile so stickig ist, dass die Bezeichnung Hechelkurs eine ganz neue Bedeutung bekommt.

Ein Paar bleibt auf seiner Matte sitzen, natürlich sind es Stephan und Stephanie, die in den letzten Stunden acht Seiten mitgeschrieben und außerdem verschiedene Elternratgeber mitgebracht haben, in denen mehr bunte Post-its als Seiten stecken.

STEPHANIE: Wir wollen eigentlich nur kurz fragen, wie deine Erfahrungen als Hebamme mit den Mondphasen sind. Gibt es irgendwelche Tricks, damit unser Bauchzwerg vielleicht ein, zwei Wochen länger in seiner Höhle bleibt? Wir haben so sehr gehofft, eine Geburt bei zunehmendem Mond zu erleben.

HEBAMME: Wieso denn das?

STEPHAN: Wie wir ja alle wissen, sind die Kinder da … nun ja … etwas selbstständiger.

HEBAMME: Selbstständiger?

STEPHANIE: Gut, natürlich nicht nur. Auch viel mehr gesellschaftlich orientiert und hilfsbereiter. Das wünschen wir uns auch für unser Kind. Wusstest du denn gar nicht, wie viel Einfluss das hat? Der Dalai Lama,

Albert Schweitzer, Andrea Berg … alle bei zunehmendem Mond geboren.

HEBAMME: Tut mir leid, mit dem Mondzyklus kenne ich mich nicht aus.

Stephanie macht sich eine Notiz.

STEPHAN: Nicht so wild, wir werden uns da noch mal besser im Internet informieren. Anderes Thema, wir hätten gern eine Partner-Wassergeburt, geht das?

HEBAMME: Ich verstehe nicht ganz?

STEPHAN: Da ich leider Gottes aufgrund der Naturgewalt als Mann nicht selbst in der Lage sein werde, das Kind auszutragen, möchte ich wenigstens so nah wie möglich dabei sein und mit in der Geburtswanne sitzen. Geht das?

HEBAMME: Nun … ich denke schon … Also, vor allem am Anfang machen das viele Paare. Das schafft einen guten Zusammenhalt.

STEPHANIE: Nein, nein, er meint am Schluss, bei den Presswehen. Wenn dann unser kleines Wunder aus mir hinausgeschwommen kommt, würden wir gern noch ein Weilchen mit ihm zu dritt in der Wanne sitzen bleiben. Das Wasser ist dann so voller Leben und Energie, das würden wir schon gern voll auskosten.

Nun macht sich auch die Hebamme die erste Notiz.

HEBAMME: Das … können wir sicherlich einrichten. Gibt es noch mehr, auf das ich Rücksicht nehmen sollte?

STEPHANIE (lacht): Keine Sorge, wir sind total entspannt. Nur gäbe es da noch die Sache mit unserer Hündin, die ist sehr auf uns fixiert und total eifersüchtig und …

HEBAMME: … die soll auch mit in die Wanne?!

STEPHANIE (lacht): Haha, aber nein, wir sind doch keine Freaks. Ich würde nur gern sicherstellen, dass die Plazenta gut eingepackt wird. Meine Homöopathin hat uns empfohlen, daraus Globoli-Kügelchen herstellen zu lassen, die kann man bei so gut wie allen Beschwerden wunderbar einsetzen. Wird sogar noch energetisch aufgeladen! Die sollen wir unserer Hündin geben, dann gewöhnt die sich nämlich schneller an das Kind.

STEPHAN: Ich hab auch gelesen, dass man die Plazenta selbst essen soll?

HEBAMME: Das machen eher Tiere.

STEPHANIE: Was Tiere aus Instinkt machen, sollte eigentlich ein Vorbild für uns Menschen sein!

HEBAMME: Viele Tiere fressen aber nach der Geburt nicht nur die Plazenta, sondern auch direkt ihren Nachwuchs.

Alle lachen. Stephanie macht sich eine neue Notiz.

HEBAMME: Gut, also die Plazenta pack ich euch dann gut ein. Und die Nabelschnur pack ich auch direkt dazu, nehm ich an?

STEPHAN: Das wäre doch toll, Stephanie? Du wolltest dich doch sowieso noch mal informieren, wie das mit dem Nabelschnurschmuck funktioniert?

STEPHANIE: Eigentlich dachte ich, dass die Nabelschnur sowieso einfach dranbleibt?

HEBAMME: Richtig. Nach dem Durchtrennen der Nabelschnur machen wir eine kleine Klemme an das Stück am Bauchnabel. Das fällt dann irgendwann von allein ab.

STEPHANIE: Oh … nein, das möchten wir auf keinen Fall. Wir möchten eine Lotusgeburt. Also unser kleiner Zwerg soll so lange mit der Plazenta verbunden bleiben, bis die Nabelschnur von allein abfällt.

HEBAMME: Das kann aber auch mal bis zu zehn Tagen dauern, so lange wollt ihr dann die Plazenta mit dem Kind herumtragen? Wollt ihr wirklich so lange im Krankenhaus bleiben?

STEPHANIE (lacht): Aber nein, wir möchten gern bei uns im Garten gebären!

HEBAMME: Da habt ihr so eine Geburtswanne?

STEPHAN: Extra bauen lassen und selbst bemalt, das Lebenswasser kann anschließend direkt in unseren Garten fließen – ist das nicht klasse?

HEBAMME: Ja, klasse. Wann war noch mal euer Entbindungstermin?

STEPHANIE: Na ja, also wenn wir die richtige Mondphase erwischen, wäre das in sechs Wochen!

HEBAMME: Ah, schade. Da bin ich im Urlaub.

kiki

Mit einer Mischung aus Ehrfurcht und Begehren starrt sie auf das Stück Stoff, das sie vor sieben langen Monaten in einem anstrengenden Balanceakt an die Wand genagelt hat. Unmöglich zu übersehen, sollte es als tägliche Motivation dienen, um sie daran zu erinnern, was sie sich als Ziel vorgenommen hatte: Diese eine Jeans muss wieder passen. Dick ist sie ihr ganzes Leben schon, und sie hatte auch eigentlich nicht vor, das zu ändern, doch ist sie inzwischen irgendwie »aus der Form« geraten. Sie will aussehen wie ein praller Luftballon, nicht wie der schlabbrige Alien-Wurm aus Star Wars. Heute ist jedenfalls der Tag gekommen, an dem sie endlich den Mut gefasst hat zu riskieren, dieses gefürchtete und gleichermaßen hoch begehrte Stück, nämlich die Jeans, mit ihrem Körper verschmelzen zu lassen.

Sie steigt auf einen Stuhl, zieht vorsichtig die Nägel aus Stoff und Wand und hat dabei so viel Ehrfurcht, als würde sie den toten Jesus vom Kreuz holen. Es fühlt sich auf jeden Fall so an, als hätte sie in den letzten Wochen und Monaten mindestens genauso viel Blut, Schweiß und Tränen vergossen wie er.

Wie eine Irre ist sie fünfmal die Woche ins Fitnessstudio gerannt, nur um dann dort auf dem Laufband weiterzurennen.

Danach eine Folterstunde, bestehend aus Squats, Crunches, Lunges und Burpees und anderen sogenannten »Exercises«, von deren Namen allein man ja schon fast kotzen muss. Im Zumbakurs hat sie es geschafft, viermal umzukippen, und ist damit Rekordhalterin, weswegen dem armen Zumbalehrer Ramon schon schlagartig Panik in die Augen schießt, wenn sie überhaupt nur den Kursraum betritt. Blasen hat sie an Händen und Füßen gehabt, alles ist voll mit Hornhaut und Hühneraugen gewesen, dazu immer und immer wieder Muskelkater an Stellen, von denen sie nicht mal wusste, dass es da überhaupt Muskeln gab. Als wenn das nicht genug Leid gewesen wäre, hat sie sich bei alledem noch wie ein Zirkuselefant begaffen lassen müssen, weil sie, die schwitzende Dicke in einem Fitnessstudio, DIE Sensation schlechthin gewesen ist.

»Oh mein Gott, da ist doch tatsächlich eine DICKE hier, hast du das gesehen? Eine DICKE? Hier bei uns, ist nicht wahr – was hat die denn hier verloren, das gibt's ja nicht.«

Das sprach zwar niemand aus, aber sie dachten es fast alle. Und zwar sehr laut. Obwohl sie versuchte, so angestrengt wie möglich alles um sie herum auszublenden, waren die geiernden und verachtenden Blicke der anderen kaum zu übersehen. Vor allem die »Lenas« machten überhaupt keinen Hehl aus ihrer Abneigung, wenn sie an ihr vorbeischlichen und ihnen dabei fast die Augen aus den voll gekleisterten Gesichtern rausploppten. In ihrer Fantasie heißen alle dünnen, durchtrainierten Mädchen Lena, die sich in der Umkleide Highlighter auf die Nasenspitzen tupfen und Selfies (#workoutbitches) machen, bevor das eigentliche Workout überhaupt anfängt. Die Lenas haben obenrum Marken-Sport-BHs an und untenrum halb durchsichtige Leggings mit Netzapplikationen. So sind sie dann meist auf den Steppern mit integrierten Fernsehern zu finden, wo sie mit rausgestreckten Hintern und Kaugummi kauend amerikanische Jungesellinnen-Sitcoms schauen. Dabei immer das Handy in der Hand, um jede verlorene Kalorie mit ihren Followern zu teilen, und nicht zu vergessen: Selfies, Selfies, Selfies (#workoutbitches).

Das männliche Pendant zu den Lenas gibt es natürlich auch, nämlich die »Leons«, die daran zu erkennen sind, dass sie ein sehr kleines Handtuch über den verpickelten, weil steroiden, breiten Schultern liegen haben. Das legen sie ab und zu auf irgendwelche Hantelbänke, um dann wie schäumende Hirsche in der Brunftzeit schallendes Gebrüll auszustoßen, wenn die schweren Gewichte aufeinanderklatschen. Danach schweben sie wie aufgepumpte Wolken mit immer freier Sicht auf ihre immer steifen Nippel in Richtung einer der Lenas, um dieser ungefragt Fitnesstipps zu geben. Das ganze Theater im Fitnessstudio lässt sie jedoch völlig kalt, im Gegensatz zu den täglichen Versuchungen, die unentwegt ihre leckeren Arme nach ihr ausstreckten. Wenn sie zum Beispiel abends völlig ausgehungert vom Training nach Hause kommt und ihren Mitbewohnern dabei zusehen muss, wie diese die fettigsten Köstlichkeiten in sich hineinstopfen, Cola trinken und ganze Süßwarenabteilungen vernichten, fühlt sie sich wie ein Junkie auf Turkey. Kein einziges Mal ist sie bis zum heutigen Tag schwach geworden, hat sich wie ein anorexisches Meerschweinchen ernährt und hat vor dem Fernseher traurig an irgendwelchen Selleriestangen genagt anstatt wie sonst an Schokoriegeln. Was sie früher als überflüssige Garnitur auf dem Teller liegen gelassen hat, ist jetzt Hauptnahrungsmittel auf ihrem Speiseplan: Karotten mit Körnern, Körner mit Quark, Quark mit Salat, Salat mit Salat. Bahnbrechende Tipps à la »Ernähr dich doch einfach langfristig gesünder« haben bei ihr nicht funktioniert, sie hatte einen radikalen Blitzkrieg im Kampf gegen den eigenen Schweinehund gebraucht, bevor der die Chicken Nuggets rausholen konnte. Die hat sie vorher gegessen wie Smarties, als kleinen Snack zwischendurch, als Proviant auf dem Weg zur Arbeit oder abends vor dem Fernseher. Sie traut sich gar nicht, daran zu denken, wie viele Generationen von Hühnchen sie vertilgt hat, mehrere Stammbäume auf jeden Fall. Der zermatschte Kükenbrei in seinem herrlich gülden frittierten Mantel ist ihre persönliche Achillesferse und der eindeutige Grund, warum sie überhaupt so dick geworden ist.

Nicht nur um ihre geflügelten Freunde vor dem Aussterben zu bewahren, sondern auch um ihrer Sucht ein Ende zu bereiten, hat sie beschlossen, einen Schlussstrich zu ziehen und den köstlichen Chicken Nuggets für immer Lebewohl zu sagen. Doch wenn die Jeans heute passen würde, hätte sie es sich nach sieben Monaten Selbstgeißelung noch ein letztes Mal verdient, sich der knusprigen Versuchung hinzugeben. Noch einmal, dann wäre Schluss.

Mit hochrotem Kopf liegt sie auf ihrem Bett und versucht stöhnend, den Knopf der Jeans zu schließen. Sie zieht den Bauch ein, bis sie Sternchen sieht – es sind höchstens noch zwei Zentimeter bis zur großen Wiedervereinigung von Knopf und Knopfloch. So lange hat sie auf diesen Moment hingearbeitet, sie zieht und drückt und zieht und quetscht, gleich hat sie es geschafft – und: DIE JEANS IST ZU!

Ein Freudenschrei platzt aus ihr heraus, und sie rennt, so gut es in der knallengen Jeans eben geht, aus dem Zimmer zum großen Spiegel im Flur. Das Gewicht, das sie im Schweiße ihres Angesichts verloren hat, war nichts zu der Last, die gerade von ihren Schultern fällt. Sie sieht aus wie eine Göttin, hinabgestiegen aus dem Himmel, um mit dieser Jeans eins zu werden. Eine dralle, knackige Göttin, die es verdient hat, sich jetzt sofort mit einer großen letzten Portion Chicken Nuggets zu belohnen. Sie donnert sich so richtig auf und strotzt vor Selbstbewusstsein. Jeder soll sehen, zu welch kurvenreicher Superfrau sie sich hingearbeitet hat.

Deswegen stolziert sie erhobenen Hauptes Richtung Innenstadt. Die Sonne scheint, sie sieht fantastisch aus und kann nicht aufhören, sich beim Laufen über die Jeans zu streichen, die wie eine zweite Haut auf ihrer klebt, einfach wie angegossen. In ihrem Lieblingsladen, bekannt für all die Sünden, die ihr für so lange verwehrt geblieben sind, setzt sie sich an einen freien Tisch neben zwei Frauen, die in ihren Milchshakes rühren. Die nicken ihr freundlich zu, rücken ihre Stühle zur Seite und bestellen die Rechnung. Sie selbst bestellt eine große Portion Chicken Nuggets. Schon der Geruch, der ihr aus der Küche entgegenweht, löst eine Jahrhundertflut an Spucke in ihrem Mund aus. Die Serviceklingel bimmelt, und eine ganze Armee aus frittiertem Kükenbrei schwebt ihr entgegen und schließlich direkt auf ihren Tisch.

Gierig greift sie nach dem schönsten Nugget, das sie finden kann, und beißt hinein. AHHHH! IST DAS GUT! Überglücklich und in der Jeans ihrer Träume schiebt sie sich ein Teil nach dem nächsten in den Mund. Eine bessere Belohnung für die letzten Monate voller Schmerzen und Entbehrung kann es nicht geben. Die beiden Frauen neben ihr haben bezahlt und stehen auf. Während sie den Laden verlassen, kann sie eine der beiden kichern hören: »Haste die neben uns gesehen? War klar, dass ausgerechnet wieder die Fette den größten Teller bestellen musste, oder? Hahaha.«

Das eben noch so köstliche Chicken Nugget bleibt ihr wie ein Stück trockener Beton im Hals stecken. Sie guckt an sich herunter und kann auf einmal auch keine dralle, knackige Göttin mehr sehen, sondern nur noch eine bedauernswerte fette Qualle mit fettigen Fingern und fetten Beinen in einer viel zu engen Jeans. Sie schaut auf die Uhr. Wenn sie sich jetzt beeilt, schafft sie es noch rechtzeitig zum Zumbakurs.

Nadine

»Sag mal, Berliner Wedding, ist es da nicht ein bisschen asi?«, hatte ihre Sandkastenfreundin Bine noch gefragt, als sie gerade bei einer Tasse Kaffee saßen.

Diese Vorurteilshaberei war genau das, was sie an den Dorfis am meisten nervte: keine Ahnung haben, aber trotzdem mitreden wollen, während sie mit Anti-Rutschsocken auf der LED-Kunstledercouch vor der Poco-Fernsehwand sitzen blieben. Bitte ja kein Risiko, alles auf Nummer sicher und dabei ein bisschen meckern.

Wahrscheinlich war das auch der Grund, warum sie das Gefühl hatte, dass die Freundschaft zu Bine nicht mehr in ihr zukünftiges Leben passen würde.

Sie selbst war schließlich eher alternativ und weltoffen, Bine das genaue Gegenteil, pedantisch und fast ein bisschen einfältig, wieso sonst hatte sie nach dem Abitur eine Ausbildung als Bürokauffrau gemacht und arbeitete seit zwei Jahren in der Firma ihres Vaters. Bloß nicht raus aus diesem Kaff, höchstens mal für einen All-inclusive-Urlaub nach Malle, so waren sie, die Dorfis, mehr Spießertum ging nicht. Auf dieses Schablonenleben hatte sie keinen Bock, das außer schnell Heiraten, Doppelhaushälfte, dickem Labrador und BMW-Kombi wenig für sie zu bieten hatte.

Sie würde ihre Zukunft ganz bestimmt nicht einfach so wegwerfen, sondern etwas ganz Besonderes daraus machen. Was, wusste sie noch nicht genau, aber deswegen brauchte sie ja den Raum, einen großen Raum, um sich zu entfalten und sich weiterzuentwickeln. Zwischen Teutoburger Wald, Großraumdisko und einer Lasertag-Arena hatte ihr durstiger Geist nichts mehr verloren. In einem Kaff wie Ibbenbüren würde sie sicherlich nicht das finden, was das Leben für sie bereitgestellt hatte, in Berlin dagegen schon: Irgendwas Kreatives wollte sie machen, frei sein, vielleicht studieren oder halt mal irgendwo reinschnuppern, das musste man als junger Mensch erst mal rausfinden.

Deswegen hatte sie vor vier Monaten all ihre Habseligkeiten gepackt und war, obwohl sie vorher noch nie in Berlin gewesen war, von Nordrhein-Westfalen in die Hauptstadt gezogen, zu Steffi. Steffi heißt eigentlich Stefan, war nach eigener Definition »gay as fuck« und wollte berühmter Contemporary Dance Choreograph werden, musste sich aber, so wie sie auch, erst mal selbst finden.

Er war so positiv und energiegeladen, bestärkte sie in allem, was sie vorhatte und sagte immer und immer wieder »Girl, I LOVE IT«, nicht so wie Bine, die ständig an ihr herummeckerte. »Du kennst den Typen doch gar nicht«, hatte sie gesagt.

Sie kannte Steffi sehr wohl, denn sie hatten sich bereits vor Monaten auf Instagram kennengelernt und schnell Freundschaft geschlossen, weil sie beide sofort gemerkt hatten, dass sie mehr als nur auf einer Welle waren: Sie waren Seelenverwandte.

Sie folgten denselben Leuten, hörten die gleiche Musik, konnten sich stundenlang Sprachnachrichten hin- und herschicken, ohne dass es langweilig wurde. Schon immer hatte sie sich genau so einen schwulen Freund gewünscht und war sich sicher, dass Bine einfach nur eifersüchtig war. Die hatte nicht mal Instagram und war auch schon nach einer Sprachnachricht genervt. »Ruf mich halt einfach an«, sagte sie dann. Dieses negative Mindset passte einfach überhaupt nicht mehr zu ihr.

Daher hatte es auch nicht viel Überredungskunst von Steffi gebraucht, um den Schritt in ihr neues Leben im

Berliner Wedding zu wagen, weit, weit weg von der kleinbürgerlichen Bine und den beschränkten Dorfis.

Weil es in ihrem neuen Leben absolute Priorität hatte, »sich selbst zu finden«, arbeitete sie jetzt zweimal die Woche in einem angesagten Vintage-Store, dank dem ihr innerhalb kürzester Zeit niemand mehr die peinliche provinzielle Vergangenheit ansehen konnte. Egal ob im Granny Style, Oversize Layering oder Rave Chic: Sie sah jetzt jeden Tag cooler aus denn je. Ihre Haare trug sie undone oder sleek, manchmal mit Dad Cap, aber eben immer Vintage, so wie alles andere an ihr auch.

Sogar einen Nasenring hatte sie sich stechen lassen, um sich noch mehr von der Masse abzuheben. »Wie ein Ochse«, hatte ihre Oma zwar gesagt, aber die war schon steinalt und hatte von Fashion natürlich so gar keine Ahnung.

In einem der coolsten Klamottenläden der Stadt zu arbeiten hatte neben dem Style-Faktor auch den Vorteil, dass sie auf einmal auch mit den coolsten Leuten der Stadt zu tun hatte und endlich Teil einer Clique wurde, von der sie nie zu träumen gewagt hatte. Niemand war da langweilig oder spießig, sondern individuell, authentisch und urban.

Am meisten bewunderte sie Mascha, die hauptberuflich Stick'n'Poke-Künstlerin war und nebenbei in einer

Szenebar in Mitte arbeitete. Sie hatte mehrere Tausend Follower und hatte sich alles selbst beigebracht, also selfmade. Das wollte sie auch, also irgendwas werden wie Selfmade-Designer, Selfmade-Photographer, Selfmade-Artist, einfach ihren Traum leben. Das war Selbstverwirklichung.

Hier quatschte sie niemand mehr voll, sie müsse eine Ausbildung machen. Kreativ sein konnte man schließlich nicht lernen, man war es einfach, so wie Mascha.

Die tätowierte auch nicht einfach irgendwas, sondern machte eine ganze Performance daraus: Sie tätowierte einem nur das, was sie gerade fühlte, das, was die Connection dann in ihr auslöste.

Natürlich hatte Mascha auch ihr ein Kunstwerk unter die Haut performt, welches wie maßgeschneidert auf sie passte und persönlicher gar nicht sein konnte:

»If not now then when« – »Wenn nicht jetzt, wann dann«.

Richtig gut verstand sie sich auch mit Milena, einer Deutsch-Russin, die ziemlich viele Drogen nahm, aber total offen damit umging. Mit ihr hatte sie auf einem geheimen, weil illegalen Open Air das erste Mal Ecstasy ausprobiert und sich zu jedem Zeitpunkt superwohl und sicher gefühlt, weil Milena nicht nur sehr erfahren war, sondern ihr niemals etwas geben würde, was ihr schaden könnte, also ernsthaft schaden zumindest. Sie war die Drogenbeauftragte der Clique, hatte für jede Gelegenheit die richtige Substanz dabei und war Vollprofi in der perfekten Dosierung.

Die perfekte Dosierung war besonders wichtig, wenn man die Wochenenden durchhalten wollte, ohne, wie die anderen Spießer, den größten Spaß zu verschlafen.

Koks war super zum Warm- und Wachwerden, dazu Sekt oder Skinny Bitch und ab und zu ein bisschen Keta. Das brauchte man vor allem, wenn das Koks zu sehr knallte und man sich schon selbst mit dem eigenen Laberflash zu Tode nervte. Oder man brauchte einfach etwas MDMA für den guten Vibe und ein angenehmes Get-Together, später dann Pillen zum Tanzen und immer so weiter und so weiter, je nachdem, was sie eben gerade so vorhatten. Schlafen konnte sie ja, wenn sie tot war, vor allem weil sie sich das erste Mal in ihrem Leben lebendig fühlte: Je öfter sie nachts um die Häuser zog, desto mehr Leute lernte sie kennen, desto besser wurde alles und desto cooler wurde sie. Sie fühlte sich total angekommen. Die Dorfi-Nadine von damals war begraben, und an Bine dachte sie überhaupt nicht mehr.

Samstagmittag bis Sonntagabend, manchmal sogar bis Montagmorgen, war es Zeit, zur Messe zu gehen, in den Bunker, in die Kirche. Damit war natürlich das Berghain gemeint, das sagte man so, wenn man Insider war und sich nicht blamieren wollte. Das hatte sie zumindest irgendwo gelesen, denn sie selbst hatte diesen sagenumwobenen Ort noch nie von innen gesehen, und das war ihr schrecklich peinlich. Zum Glück sollte sich das dieses Wochenende endlich ändern und sie entjungfert werden, vom Berghain höchstpersönlich.

Also verabredeten sich alle Samstagmittag bei ihnen in der WG, zum Sektbrunch und Vorkoksen. Steffi hatte sich zur Feier des Tages gestyled wie Madonna im »Frozen«-Video und bestand darauf, den Song in Dauerschleife laufen zu lassen. Dabei tanzte er im Zeitlupentempo durch die Wohnung, mal rückwärts, mal vorwärts und dann alles immer wieder von vorn, aber immer beginnend mit dem gleichen Ritual:

Wenn die echte Madonna seinen Lieblings-Part *»You only see, what your eyes want to see«* säuselte, hielt die Steffi-Madonna einer von ihm auserwählten Person die Faust vors Gesicht – darauf, passend zum Text, ein Häufchen Koks.

Natürlich wurde sie, die heute ganz besonders viel Grund zum Feiern hatte, besonders oft ausgewählt, weswegen sie nach dem vierten Durchlauf ins Badezimmer rennen musste, um zu kotzen. Steffi-Madonna tänzelte dabei im Türrahmen und kicherte, während er weiter aus dem Song trällerte:

»Now there's no point in placing the blame.«

Mit geschwollenem Gesicht und tränenden Augen vom Rumgewürge setzte sie sich, um mit einem Glas Sekt wieder bisschen klarer zu kommen, auf den Balkon.

Steffi bewegte sich mittlerweile nicht mehr in Zeitlupe, sondern im Zeitraffer und gluckste »Girl, I LOVE IT«.

Mascha hatte einen Typen mitgebracht, den sie vorher noch nie gesehen hatte. Wie sich herausstellte, war aber auch er hauptberuflich Selfmade-Artist und sehr angesagt. Er redete äußerst gewählt und betont, hatte anscheinend gerade einen Laberflash und erzählte andächtig von seiner ersten Vernissage, die er bald veranstalten würde. Wo, wusste er noch nicht ganz, aber es sollte alles sehr speziell werden, ganz anders als bei anderen, und auch sie könne gern vorbeikommen, würde sie auf jeden Fall, war doch klar.

»You only see, what your eyes want to see«, ertönte, und Steffi-Madonna kam gerade im richtigen Moment, um sie alle auf Pegel zu halten. Sie schniefte, der Würgereflex war überwunden, und sie fühlte sich direkt noch cooler, wer hätte das gedacht, sie hier in Berlin, unter lauter Kreativen, auf dem Weg ins Berghain.

Milena, die gerade eine beachtliche Menge Speed in ihre Nasenlöcher verabschiedet hatte, stand nervös im Türrahmen: »Entweder wir hören jetzt was anderes oder wir gehen los.«

Gesagt, getan, sie stiegen ins Taxi und fuhren zur Messe, in den Bunker, in die Kirche, das Berghain. Schon im Auto machte sich ein flaues Gefühl in ihrer Magengegend breit: Wie sollte sie sich gleich verhalten? Sollte sie eher nüchtern tun oder extra oft die Nase hochziehen, damit man sehen konnte, dass auch sie eine von den Coolen war?

Sie fragte Steffi, der sich hinter dem Fahrersitz noch mal schnell die Nase puderte: »Girl, sei einfach ganz normal.«

Sie stellten sich in der Schlange an, die um die Uhrzeit noch überschaubar war.

Je näher sie Richtung Eingang rückten, desto nervöser wurde sie, wollte sich das aber vor den anderen nicht anmerken lassen. Einfach ganz normal sein, normal eben. Wie ging noch mal normal sein? Schweißperlen standen auf ihrer Stirn, Koks, Stress, Sonne, ihr Mund war trocken wie die Sahara, die Zunge lag pappig irgendwo dazwischen, hoffentlich musste sie gleich nichts sagen.

Da stand er, der Türsteher mit Gesichtstattoo und Piercings wie Stoßzähnen, wie ein Urzeitwesen, von dem man erst glaubt, dass es wirklich existierte, wenn man es mit eigenen Augen gesehen hatte. Er beugte sich zu seinem kleinen, bulligen Handlanger hinunter und flüsterte ihm was ins Ohr. Der fragte: »Wie viele seid ihr?«

Steffi übernahm das Sprechen, während sie selbst immer noch versuchte, möglichst cool und normal zu wirken: Sie überkreuzte die Beine, rieb sich die Nasenspitze, versuchte superselbstbewusst auszusehen, nein, stopp, lieber geheimnisvoll, was sollte sie überhaupt mit ihrem Mund machen? Lächeln? War das normal? Lieber ernst gucken? Erst mal den Schweiß von der Stirn wischen. Huch, war das nass, sie guckte auf ihre Hand und das Urzeitwesen von Türsteher ihr direkt ins Gesicht. Ein Blick zum Handlanger reichte, der winkte ihre Gruppe durch und dann:

»Für dich heute leider nicht.«

Sein Arm wies ihr den Weg an der Tür vorbei. Die anderen waren schon längst ins Innere gehuscht, außer Steffi, der ihr einen mitleidigen Blick zuwarf und mit den Schultern zuckte: »Awww shit, sorry Girl!« – dann war auch er verschwunden.

Bärbel

A2 Center, Altwarmbüchen-Hannover

Wie jeden Dienstag stoppt sie kurz vor der Drogerie, um
zu gucken, was es Neues gibt. Hinten aus der Kosmetik-
ecke winkt ihr eine grell geschminkte Frau in fuchsia-
farbenem Polyesterkostüm entgegen. Sie klopft auf den
unförmigen Pappaufsteller neben sich, der die Form eines überdimensional großen, glitschigen Wurms hat,
und schreit ihr durch das Geschäft entgegen:

»Sie da, junge Frau, das dürfen Sie sich auf gar keinen Fall entgehen lassen! Algen, das Beautygeheimnis
aus dem Meer, heute nur für Sie, ganz exklusiv, Gesicht-
Cleansing, natürlich kostenlos, junge Frau, das ist die
absolute Perfect-Age-Revolution, setzen Sie sich, setzen Sie sich, das MÜSSEN Sie einfach ausprobieren!«

Der glitschige Riesenwurm ist eine Alge, und sie fühlt sich geschmeichelt. Als »junge Frau« ließ sie sich gern bezeichnen, auf Nachfrage ist sie 50+, Best-Ager, Generation Gold – aber wenn sie Glück hat, wird sie nach ihrem Alter gar nicht erst gefragt.

Sie folgt der vielversprechenden Verjüngungseinladung und setzt sich auf den gepolsterten Barhocker in dem provisorisch eingerichteten Schminkstudio, bestehend aus einem aufgeklappten Spiegelkoffer und einem Stehtisch mit Wachsdecke.

Die Frau im fuchsiafarbenen Polyesterkostüm öffnet wie wild etliche kleine Fläschchen und Tiegel, klippst ihr mit einer Klammer die schwarz gefärbten Haare aus dem Gesicht und quasselt wie ein Wasserfall:

»Ach, wir Frauen haben es schon nicht leicht, oder? Ab 25 geht's steil bergab, nur noch Schlaffi-Schlaffi, Schlabber-Schlabber, so weit das Auge reicht, und so sollen wir dann rumlaufen, bis wir tot umfallen? Nein danke – da tun wir lieber was dagegen, nicht wahr? Ich mein, wer will schon aussehen wie diese verrunzelten alten Schachteln?«

Panik macht sich in ihr breit: Sie will auf keinen Fall so aussehen. Oder gehört sie gar schon zu den verrunzelten alten Schachteln? Hoffnungsvoll blickt sie in das grell leuchtende Gesicht der Kosmetikfrau, die nun mit einem feuchten Wattepad über ihre Haut rubbelt, das Gesicht ganz nah an ihrem. Die warme Luft aus ihren Nasenlöchern riecht nach Pfefferminze und Zigaretten, so wie bei allen Drogerie-Schminkfrauen.

Prüfend guckt diese auf den grauen Schnodder, der von ihrem Gesicht auf das Wattepad gewechselt hat. »Wie ist denn sonst so Ihre Daily-Cleansing-Routine?«

Sie traut es sich kaum auszusprechen und flüstert: »Wasser.«

Die Frau sieht aus, als würde sie gleich in Ohnmacht fallen. Sie klemmt das Stück Haut unterhalb ihres Kinns zwischen Daumen und Zeigefinger und rollt es wie ein schlaffes Würstchen hin und her. So mitleidig, wie sie in den Spiegel guckt, ist es vielleicht schon zu spät für die Algen.

»Also, Sie sehen ja sicherlich selbst, alles total groggy bei Ihnen. Irgendwie aus der Form geraten, nicht falsch verstehen, aber einfach bisschen fertig, nicht wahr? Klar, was hängt, das hängt, aber ich sag Ihnen, wir MÜSSEN da was machen, Sie brauchen dringend den Algen-Boost-Toner, finden Sie nicht auch?«

Findet sie jetzt auch. Ihre Augen brennen von dem Reinigungsmittel oder vom Atem der Frau. Sie blinzelt in ihr rotes Gesicht. Müde sieht sie aus, schlaff und steinalt.

»Und, sehen Sie das? Hier, hier und hier, da hat Ihre Haut überhaupt keine Spannkraft mehr. Totaler Hydro-Notfall, durstig und energielos ist Ihre Haut, kein Wunder, dass Sie so unzufrieden sind!«

Unzufrieden, jetzt, wo sie es sagt, sie ist sogar mehr als unzufrieden. Furchtbar sieht sie aus, wie eine Dörrpflaume aus dem 12. Jahrhundert. Mehr tot als lebendig, sie besteht nur noch aus Falten, die sich wie Lappen durch ihr Gesicht stapeln. Wie konnte sie die letzten Monate überhaupt so rumlaufen?

Sie schämt sich.

»Gut, dass Sie gekommen sind, vielleicht können wir da noch was retten. Aber dafür MUSS ich Ihnen das Wake-up-Serum mitgeben, da geht kein Weg dran vorbei. Gucken Sie mal, SO könnten Sie aussehen, glatt zehn Jahre jünger, nicht wahr?«

Die Frau krallt ihre langen Neon-Airbrush-Fingernägel wie Heftklammern in ihre Haut und zieht die Backen Richtung Ohren, Mund und Augen, sie verwandeln sich zu schmalen Schlitzen, toll sieht das aus. Sie tupft ihr irgendwas unter die Augen.

»Meeensch, sehen Sie mal, wie jugendlich-frisch das gleich alles wirkt! Da wollen wir hin, das wollen wir sehen! Und Sie, Sie wollen das doch auch, oder? Ich sag Ihnen, wenn Sie ab sofort jeden Abend das Algen-

Recovery-Oil benutzen, haben wir vielleicht noch eine Chance. Das nehmen Sie auf jeden auch Fall mit.«

Auf jeden Fall nimmt sie das mit. Auch das Lift-Gel, das Algen-Sofort-Effekt-Spray und der Hydro-Meeres-Roller für ihre Tränensäcke verschwinden für viel Geld in ihrer Tasche.

Die Frau strahlt über beide Ohren und verabschiedet sich überschwänglich mit Küsschen links, Küsschen rechts. »Toll sehen Sie jetzt aus, wenn Sie mich fragen, höchstens wie 45!«

Sie ist erleichtert, da hat sie ja gerade noch mal Glück gehabt.

Laura

So muss es sich wohl anfühlen, wenn man von einem Monstertruck angefahren wird. Einer mit so richtig großen Reifen, die noch mal nachfedern, wenn sich der eigene Körper zwischen die Profilrillen quetscht. Schwer atmend, leicht sediert und durch den Schock beinahe schmerzunempfindlich würde man sich nur noch wünschen, dass man sofort gerettet wird oder aber ganz schnell die Lichter im Kopf ausgehen, damit man nicht unnötig lang so dahinvegetiert.

Leider befindet sie sich aber nicht zusammengequetscht unter den Reifen eines Monstertrucks, sondern sitzend auf dem Badewannenrand ihres aktuellen Liebhabers, und sterben wird sie eher auch nicht. Jedenfalls nicht heute. Dennoch hängen ihre Augenlider auf halbmast, das Gehirn läuft im Sparmodus, ihr Autopilot hat die Steuerung übernommen. Einatmen, ausatmen und vor allem aufpassen, dass sie nicht vornüberkippt. Gar nicht so leicht. Durch die schmalen Schlitze, das müssen wohl ihre Augen sein, sieht sie schemenhaft ihre zerlöcherten blauen Socken, die sich in den vergilbten Frotteeteppich krampfen.

Was für ein beschissener Tag. Kleine Blasen ploppen aus ihrer Nase, sie sieht alles etwas verschwommen, weint sie etwa? Hat sie gar nicht bemerkt, immerhin war ihr gar nicht nach Heulen zumute, entgegen aller Erwartungen und Erzählungen kann sie eigentlich recht wenig fühlen, sie fühlt sogar eher gar nichts. Allerdings nicht dieses angenehme Nichts, von dem immer alle schwärmten. So wie ihre Freundin, die zweimal einen Meditationskurs zum Thema »Gedankenkontrolle – das Nichts lernen« besucht hat und seitdem auch von »nichts« anderem mehr spricht

»Weißt du, einfach mal den Kopf ausschalten und entspannen, einfach mal an nichts denken und loslassen, das ist toll, das musst du auch mal probieren, das kann man trainieren, ach, du musst unbedingt mal mitkommen.«

Nein danke, dieses Nichts in ihrem Kopf gerade reicht ihr völlig, und das kann man auch ganz sicher nicht trainieren, sie will es sogar loswerden. Sie wischt sich mit dem Ärmel ihres Pullovers den Schnodder aus dem Gesicht und versucht nachzudenken.

Super Idee, ausgerechnet inmitten dieser versifften Fliesen einen klaren Gedanken suchen zu wollen. Wer klebt eigentlich Poster in ein Badezimmer? Sie stützt den Kopf auf ihre Hände und betrachtet die durchgewellten Prominenten, die zurückstarren wie aufgedunsene Wasserleichen. Sie kann kaum einschätzen, wie lange sie hier schon sitzt. Jedenfalls würde ihre Abwesenheit sicherlich langsam auffällig werden und ihren Liebhaber dazu bringen, verwundert gegen die Badezimmertür zu klopfen. Muss sie ihm irgendwas erzählen?

Will sie ihm überhaupt irgendwas erzählen? Unnötige Panikmache, denkt sie sich, und lässt alle Spuren, die sie verraten könnten, tief unten im Mülleimer verschwinden. Wer weiß, wie oft sie diesen Kerl überhaupt noch sehen würde. Sie beide haben die Fronten von Anfang an geklärt und sich geeinigt, außer Körperflüssigkeiten eher wenig miteinander auszutauschen. Ein toller Deal für alle, die keine Lust haben, sich zu binden, ein unverständliches Mysterium für alle anderen. Die meisten Menschen in ihrem Umfeld haben nämlich große Zweifel an ihrem vermeintlich einsamen Dasein, weswegen diese Zweifel natürlich auch sofort geäußert werden müssen, ungefragt versteht sich.

Bestimmt sei die Kindheit schuld, besser noch der Vater, Vaterkomplex nennt man das dann, oder aber die nicht erwiderte erste große Liebe, ja das tut eben weh, ob sie nicht mal eine Therapie probieren wolle? Egal welche, es muss einfach eine Erklärung geben. Nicht liiert und glücklich sein, das war ein Ding der Unmöglichkeit und eine Selbstlüge obendrein. »Jeder ist auf der Suche, und niemand ist gern allein« oder »Warte ab, du hast einfach noch nicht deinen Traummann getroffen« waren Sätze, die sie sich unentwegt anhören durfte. Dabei ist sie eigentlich weder verzweifelt auf der Suche nach dem Richtigen, noch ist sie eine verbitterte Mitdreißigerin. Sie ist einfach nur Mitte dreißig und gern Single. Es ist immer das gleiche Muster. Lernt sie neue Leute kennen, ist spätestens nach dem ersten Kennenlern-Small-Talk über das aktuelle Wetter, das Thema Beziehungsstatus eingeläutet. Das führt zwangsläufig zu einem: »Oh … und wie lange bist du schon Single?« Die Frage allein schon trieft nur so vor Mitleid und ist begleitet von bedauernden bis hin zu entsetzten Blicken, als hätte sie soeben von einem schweren Krebsleiden berichtet. Aber so scheint es zu sein: Ein Single in ihrem Alter, dazu noch eine Frau, das ist wie ein gefürchtetes Geschwür, Chance auf Heilung gleich null. Es fehlt nur noch, dass sie ihr, der armen alten Jungfer, vor lauter Mitleid auf die Schulter klopfen.

In solchen Situationen macht es ihr oft Spaß, besonders laut zu erzählen, wie unwahrscheinlich viel Sex sie doch hat, mit ständig wechselnden Männern und Frauen, manchmal auch alles gleichzeitig und vorzugsweise auf wilden Orgien, ja, ganz genau wie in diesen berüchtigten Gangbang-Pornos. Ja, richtig gehört, Gangbang. Das unterstreicht sie dann mit einem theatralischen Seufzen und erklärt voller Bedauern, dass das eben nicht jeder Partner mitmachen würde, sie sich aber doch gern bei Interesse bei ihr melden könnten, und Freunde dürften sie natürlich auch gern mitbringen, je mehr, desto besser, kleiner Augenzwinker. Braucht noch jemand was von der Bar?

Danach ist das Thema glücklicherweise meist gegessen und die offenen Mäuler gestopft. So einfach sind aber leider nicht alle Leute abzuspeisen, und Spaß hat sie dabei sowieso selten. Vor allem Männer haben extreme Schwierigkeiten zu verstehen, dass sie, nur weil sie Sex außerhalb einer festen Beziehung hat, nicht unbedingt sofort Sex mit ihnen will Diese fragen dann verwundert, ob sie wohl lesbisch sei, oder wollen ihr klarmachen, dass sie ja dann doch nicht so aufgeschlossen sei, wie sie vorgab zu sein. Für Männer anscheinend die einzig logische Erklärung, wenn man sich als Single-frau nicht sofort von ihnen ficken lassen will

Es ist eigentlich egal, wem sie über den Weg läuft, jeder stellt eine Diagnose für sie und ihre Entscheidung, sexerfüllt, aber partnerlos leben zu wollen. Diese Menschen und deren hartnäckiges Unverständnis sind mittlerweile der einzige Grund, warum sie vielleicht irgendwann resignieren würde und endlich eine brave, konventionelle und vor allem monogame Beziehung führen würde.

Sie wiegt ihren Kopf jetzt langsam von links nach rechts und wieder zurück. Es knackt im Nacken. Sie stützt sich mit den Unterarmen leicht vom Badewannenrand nach oben, dieser drückt sich nun schon so unangenehm tief in ihr Steißbein, dass sich ihr Hintern ganz taub anfühlt. Hilft ja nichts, auf in den Kampf, Torero. Leise öffnet sie die Badezimmertür, schleicht durch den Flur zu ihren Stiefeln und verlässt die Wohnung, die sie wahrscheinlich nie wieder betreten wird.

Die frische Morgenluft bläst ihr angenehm kühl ins Gesicht. Zum Dank steckt sie sich eine Zigarette in den Mund und bläst warmen blauen Dunst zurück. Sie läuft an der Hauptstraße entlang in Richtung Rathausplatz und überlegt, ob sie jemanden anrufen soll. Doch aus einem Grund, den sie nicht benennen kann, fühlt sie sich nicht wohl bei dem Gedanken, jemandem zu offenbaren, was sie getan hat. Und vor allem, was sie noch tun würde. Gibt es überhaupt eine Person, die sie anrufen kann, die ihr nicht sofort Hunderte von Fragen stellen oder gar ihre natürlich richtige Sicht der Dinge erklären würde? Sie will doch einfach nur, dass ihr jemand kurz ins Ohr raunt: »Laura, das ist alles halb so wild.«

Sie schiebt den Wunsch beiseite und steckt sich ihre Kopfhörer ins Ohr, bisschen Musik hören wird sie erst mal ablenken. Hin und wieder schielt sie in die Schaufenster der unzähligen Geschäfte, an denen sie vorbeigeht, und mustert sich. Hat sie sich verändert? Sieht doch alles aus wie immer. Oder? Knapp zwei Kilometer und sechs Zigaretten später steht sie vor dem alten Sandsteingebäude und klingelt im ersten Stock. Der Türsummer summt, die Tür springt auf, und sie geht hinein. Die junge Frau an der Empfangstheke wirkt leicht gestresst und zieht die linke Augenbraue sehr weit nach oben, als sie hört, dass jemand es wagt, an einem Dienstagmorgen ohne Termin in ihrer Praxis aufzukreuzen.

»Guad, dann aber mit viel Wartezeit, is klar, gell.«

Ist klar. Sie setzt sich ins Wartezimmer, legt sich eine Alibi-Illustrierte auf die Beine und nickt den Mitwartenden höflich zu. Andere gestalten ihre Ankunft weit lautstarker als sie, mit einem »Grüß Gott« oder »Hallo«. Albern findet sie das, sie sind sich hier schließlich nicht nur alle fremd, sondern auch nicht zur lustigen Bowlingrunde verabredet. Vielleicht ist sie aber einfach nur extrem angespannt. Um die Wartezeit zu verkürzen, hat sie normalerweise die Angewohnheit, sich ein Spiel daraus zu machen zu erraten, weswegen die anderen Patienten wohl zum Arzt mussten.

Die Frau gegenüber presst zum Beispiel verkrampft die Beine übereinander, könnte Genitalherpes sein? Ihre Blicke treffen sich, und sie erschrickt. Das Ratespiel lässt sie sofort sein, aus Angst, jemand könnte das nun auch bei ihr versuchen. Komischerweise fand sie es ihr Leben lang schon immer extrem unangenehm, einem Arzt das eigene Leid zu schildern, fast heuchlerisch kam sie sich dann vor. Als müsste sie sich rechtfertigen oder gar selbst erklären, wie es so weit kommen konnte. Gute Voraussetzungen, wenn sie an gleich denkt. Während sie sich die Sätze schon mal in ihrem Kopf zurechtlegt, spürt sie plötzlich ein flaues Gefühl in der unteren Bauchgegend auflodern. So was Ähnliches hatte sie das letzte Mal vor Jahren empfunden, als sie kurz vor der mündlichen Verteidigung ihrer Masterarbeit bibbernd vor der Prüfungskommission stand. Damals dachte sie,

sie würde sich gleich ihre Zukunft versauen. Der Unterschied ist, dass sie damals etwas haben wollte, um sich die Zukunft nicht zu versauen. Heute will sie für den gleichen Wunsch etwas loshaben.

Ihr Name wird aufgerufen, der Arzt winkt sie mit einladender Geste in den Behandlungsraum. Er weist sie auf den Stuhl vor seinem Schreibtisch und blickt sie freundlich-fragend an: »Wie kann ich Ihnen heute helfen?«

»Ich bin schwanger.«

»Herzlichen Glückwunsch!«

»Nein. Ich möchte die Schwangerschaft abbrechen.«

»Oh. Wieso denn das? Na, jetzt machen Sie sich erst mal frei und nehmen hier drüben Platz.«

Sie zieht sich die Hose aus und klettert auf den gynäkologischen Stuhl. Der Doktor zieht den Ultraschall-Bildschirm für sie beide gut sichtbar zurecht und drückt ihre Beine noch etwas weiter auseinander. Von irgendwo zaubert er einen metallisch schimmernden Stab hervor, den er ihr nun langsam einführt.

»Na, dann gehen wir mal auf Babysuche.«

Ihre Hände hat sie fest um die Armlehne gekrallt und presst die Augen zusammen. Sie will doch gar nicht sehen, was da möglicherweise in ihr drin ist.

»So, das hier ist Ihre Gebärmutter, sehr schön auch zu sehen die aufgebaute Gebärmutterschleimhaut, sieht alles gut aus, sehr gut.« Sie hält jetzt die Luft an. »Sehen Sie, und hier ist die Fruchthöhle, und mittendrin, ah, da haben Sie wohl recht, das ist Ihr Baby. Und das da, natürlich noch ganz zart, das ist der Herzschlag.«

Jetzt guckt sie doch endlich auf den Bildschirm. Das, was der Arzt gerade versucht auszumessen, sieht eher aus wie ein unförmiges Gummibärchen. Aber nicht wie ein Baby. Und dieses Zucken soll ein Herzschlag sein? Sie macht die Augen wieder zu. Nun ist es wieder da, das Gefühl, als hätte sie ein Monstertruck angefahren.

»Alles ganz unauffällig, ungefähr achte oder neunte Woche. Wenn Sie möchten, dürfen Sie sich wieder anziehen.«

Das Wort »unauffällig« trifft es ganz gut, ganze zwei Monate lang hat sie also nicht bemerkt, dass sie einen unerwünschten Mitbewohner mit sich herumtrug. Sie schluckt die Pille seit über zehn Jahren, da rechnet man sicherlich mit vielem, aber nicht damit, dass man zu den lächerlich kleinen ein Prozent der ungewollt schwangeren Frauen gehört. Da macht sie doch schon alles richtig und fühlt sich nun dennoch, als sei ganz allein sie selbst schuld an dieser acht oder neun Wochen alten Misere.

Sie setzt sich zurück an den Schreibtisch. Dort liegt bereits ein kleines, rechteckiges Papier, darauf zu sehen das unförmige Gummibärchen. Sie starrt auf die verpixelten Umrisse und schiebt das Bild dann vorsichtig aus ihrem Sichtfeld. Ist jetzt wohl der Zeitpunkt, wo sie diesem Arzt, der sie nun wieder fragend ansieht, erklären muss, dass sie einfach keine Kinder haben will? Muss sie das überhaupt? Denn so viel gibt es ja gar nicht zu erklären. Es ist eben einfach so. Punkt. Da der Arzt es leider nicht schafft, ihre Gedanken zu lesen, ergreift vorsorglich er für sie das Wort.

»Frau Kerner, wo liegt das Problem? Haben Sie Schwierigkeiten?«

»Nein, bis heute war eigentlich alles in Ordnung.«

»Verstehe, es liegt wohl am Kindsvater?«

»Wie? Nein, den gibt es gar nicht. Also schon, aber das spielt eigentlich gar keine Rolle.«

»Sie … Sie sind aber nicht Opfer von sexuellem Missbrauch geworden?«

»Nein.«

»Frau Kerner, aber dann gibt es doch wirklich nur noch Grund zur Freude!«

»Ich möchte keine Kinder.«

»Warum denn das?« Der Doktor sieht aus, als hätte er den Satz heute das erste Mal in seinem Leben gehört. Für sie selbst gibt es natürlich unzählige Gründe, warum genau sie keine Kinder bekommen will. Sie will keine Windeln wechseln, Milch aus ihren wund gesaug-

ten Brüsten abpumpen oder ihr Gehalt in den Bauspar-
vertrag eines verrotzten Babys stecken. Sie empfindet
ein Kind auch nicht als Sinn des Lebens und will erst
recht keine Verantwortung für jemanden übernehmen,
der nicht sie selbst ist. Noch nicht. Vielleicht auch nie.

Die Miene des Arztes hat sich nun schlagartig verändert. Auch schafft er es immer noch nicht, ihre Gedanken zu lesen, und durchbricht wahrscheinlich deswegen
die unangenehme Stille:

»Frau Kerner, entschuldigen Sie bitte, aber diese
profane Antwort sollten Sie vielleicht noch mal über-
denken. Wie ich sehe, sind Sie 34 Jahre alt, ab nächstem
Jahr würde man Sie bereits zu einer Risikoschwange-
ren zählen. Sie müssten sich eigentlich glücklich schät-
zen, dass das jetzt passiert. Gestern erst habe ich einer
Patientin in Ihrem Alter eröffnen müssen, dass sie sich
in einer verfrühten Menopause befindet, verstehen Sie,
was ich sagen will? Irgendwann kann man keine Kinder
mehr bekommen, dann ist der Zug wirklich abgefahren, und zwar egal, ob Sie das wollen oder nicht. Ver-
setzen Sie sich da mal rein, wie das wäre. Sie sind eine
gesunde, fruchtbare Frau, und ihr Körper funktioniert
großartig. Sie sollten sich wirklich freuen.«

Sie freut sich aber nicht. »Danke, aber nein. Ich möchte
keine Kinder und will die Schwangerschaft abbrechen.«

Der Arzt lehnt sich tief in seinen Ledersessel zurück und blickt sie nach wie vor fragend an. Mittlerweile aber nicht mehr ganz so freundlich, sondern skeptisch. Er beugt sich weit vornüber und schiebt mit der flachen Hand das Gummibärenbild direkt zurück unter ihre Nase. Mit deutlich angestrengt sanfter Stimme startet er nun einen neuen Versuch. »Ich an Ihrer Stelle würde mich sehr freuen.«

»Bei aller Liebe, aber Sie besitzen nicht mal einen Uterus.«

Er lässt ihre Bemerkung unkommentiert und schnaubt merklich hörbar Luft aus seiner Nase. »Sie können nicht einfach so eine Schwangerschaft abbrechen, Frau Kerner.« Sein Ton wird nun wieder schärfer. »Nur weil man sich gerade nicht danach fühlt, ein Kind zu bekommen, sind wir nicht dazu berechtigt, ein neues Leben auszulöschen. Mal eben schnell ein Kind abtreiben, wir sind hier nicht in Osteuropa.«

»Ich habe ja auch nicht vor, mich mit einem Kleiderbügel auszuschaben.«

»Also, Frau Kerner, ich muss doch recht bitten.«

Sie merkt, wie ihr das Blut in den Kopf und die Tränen in die Augen schießen. Eigentlich hat sie erwartet, der Arzt würde ihr heute erklären, wie es weitergeht und dass sie sich keine Gedanken machen müsse. Jetzt aber sitzt sie da wie ein unmündiges Kind, das für seinen Saustall von Zimmer ausgeschimpft wird.

»Frau Kerner, ich will ehrlich zu Ihnen sein und das Thema nicht unnötig in die Länge ziehen. Ich führe in meiner Praxis keine Schwangerschaftsabbrüche durch. Dieser Eingriff, ja, Eingriff im wahrsten Sinne des Wortes, geht nicht nur gegen meinen persönlichen Glauben, sondern auch gegen meine Wertvorstellungen als Gynäkologe. Glücklicherweise sehen das fast alle Kollegen hier in Augsburg genauso. Vielleicht versuchen Sie es mal in München. Ich versichere Ihnen jedoch, Sie werden diese Entscheidung irgendwann bitter bereuen und diese Last dann für den Rest Ihres Lebens mit sich herumtragen müssen.«

Die einzige Last, die sie in diesem Moment verspürt, liegt wie ein Zementbrocken in ihrer Gebärmutter. Sie steht wortlos auf, verlässt den Raum und dann auch die Praxis. Wieder auf der Straße zündet sie sich eine Zigarette an und denkt an Kleiderbügel.

Ramona

Es ist kurz nach acht Uhr abends, sie kommt endlich aus dem Büro und ist am Verhungern. Auf dem Heimweg noch schnell beim Libanesen vorbei, einmal Schawarma, bitte, mit viel Knoblauch, ohne Zwiebeln, ja, zum Mitnehmen.

Sie hat es den ganzen Tag vor Stress nicht geschafft, etwas zu essen, und freut sich über das eingerollte Fleisch in ihrer Hand.

In der anderen hält sie die Leine ihres Hundes Gerhard, der Gassigehen als lästig empfindet und sich deswegen auch heute von ihr ziehen lässt. »Spaziehengehen mit Gerhard« nennt sie das dann.

Ihr Telefon klingelt, der Chef ist dran, was will der denn schon wieder. Sie klemmt sich das Telefon unbequem zwischen Schulter und Ohr und versucht weiterzuspazieren, keine Chance, Gerhard muss jetzt an der Laterne riechen.

»Ja, Ramona, ich bin's noch mal. Also diese eine Kalkulation, die du mir da vorhin geschickt hast, irgendwie, ja, also die versteh ich nicht. Haste gerade mal 'ne Minute?«

Nein, hat sie nicht, deswegen antwortet sie: »Ja, klar.«

Sie hat keine Ahnung, von was er redet, woher soll sie wissen, warum welche Zahl in Zeile vier, Spalte drei steht. Lässt sie sich aber nicht anmerken.

Aus dem Augenwinkel stellt sie erschrocken fest, dass Gerhard mittlerweile nicht mehr an der Laterne riecht, sondern einen riesigen weichen Haufen mitten auf den Gehweg kackt.

»Fuck.«

»Ja, das hab ich mir auch gedacht, Ramona. Wie machen wir das denn jetzt mit dieser Spalte?«

Sie hat wie immer keine Kackbeutel dabei und fummelt deswegen den Schawarma aus der Tüte, um diese dann für Gerhards Zwecke umzufunktionieren.

Der hat sich mittlerweile hingesetzt und schaut seelenruhig dabei zu, wie sie versucht, sich um seine Kacke zu kümmern.

»Hallo, Ramona, bist du noch dran?«

»Ja, ich denke nach, kleinen Moment.«

Neben ihr hält jetzt eine ältere Frau mit Rollator und keift ihr in das Ohr, das nicht an ihre Schulter gequetscht ist. »PFUI, DAS IST JA EINE FRECHHEIT! Das machen Sie aber sofort weg!!!«

Gerhard bellt jetzt wie verrückt Richtung Rollator, er hasst Hüte, Kinderwagen und alte Leute, warum, weiß sie nicht, er wahrscheinlich auch nicht.

»Halten Sie mir ja diese Töle fern! Und einen Maulkorb braucht der, wo ist der Maulkorb?!«

Die Frau ist außer sich, ist aber vor Schreck ein paar Schritte zurückgewichen.

Womit hat sie das denn jetzt verdient? Immerhin hat sie nun endlich den Schawarma aus der Schawarma-Tüte gefummelt und bückt sich Richtung Kackehaufen.

Gerhard, nun mit aufgestelltem Kamm auf dem Rücken und auch immer noch ganz außer sich, möchte seine Kacke jetzt nicht mehr eingepackt in Plastik wissen und schabt diese mit den Hinterläufen in hohem Bogen hinter sich.

Wie in Zeitlupe sieht sie, wie sich Gerhards Notdurft in der Luft in kleine Teile zersprenkelt und schließlich in einem braunen Mosaik auf der Motorhaube und Frontscheibe eines hellblauen Opel Corsa landet. Es platscht, dann Stille.

Das kleine Auto sieht nun aus, als hätte es eine wilde Fahrt im Schlamm erlebt, oder ... als hätte es halt g'rade jemand mit Kacke beworfen.

Die Frau mit dem Rollator sieht nun aus, als würde sie gleich explodieren. »ALSO DAS ... ALSO DAS ... DAS IST JA EINE UNGEHEUERLICHKEIT! HILFE!!!«

Der Libanese kommt nun aus seinem Geschäft gerannt. »Was ist denn hier für ein Krach??!«

Die Frau mit Rollator hat mittlerweile schon einen ganz rot angelaufenen Kopf vor Entsetzen und schreit: »Der Köter da drüben hat gerade auf das Auto geschissen!!!«

Der Libanese hat keine Ahnung, wo er hier gelandet ist. Er guckt Richtung Auto und betrachtet Gerhards Kunstwerk.

Ungläubig und mit gerunzelter Stirn wendet er sich wieder an die Frau, die sich schon auf ihrem Rollator abstützen muss: »Und wie genau soll das bitte passiert sein?« Er zeigt ihr einen Vogel und geht zurück in sein Geschäft.

Sie grinst in Richtung der Rollator-Frau. »Das wüsste ich auch gern!«

Die sitzt jetzt auf ihrem Rollator und bekommt kein Wort mehr heraus.

»Hallo, Ramona, was ist denn jetzt mit dieser Spalte?«

»Lösch sie einfach.«

»Ha! Hab ich's mir doch gedacht. Na dann, schönen Feierabend!«

Linh

Es ist schon seit ein paar Stunden dunkel, das Licht der bunten Neonröhren wird von den vorbeifahrenden Autos reflektiert – Zeit, um nach Hause zu gehen.

Das Studio war heute wieder brechend voll, rund um die Uhr war jeder Platz besetzt. Wie immer ist sie die Letzte im Laden und hat wie jeden Tag über acht Stunden in einer Staubwolke aus abgefeilten Nägeln und beißenden Dämpfen aus Lösungsmitteln gesessen. Auch wenn sie einen Mundschutz trägt, gesund ist das auf Dauer bestimmt nicht.

Sie will ja aufhören, aber irgendwie kann sie nicht loslassen, vielleicht noch ein, zwei Jahre, damit sie finanziell abgesichert ist für den Fall, dass doch mal schlechtere Zeiten anbrechen sollten. Wahrscheinlich würde das natürlich nie passieren, der Laden läuft seit zehn Jahren wie geschnitten Brot. Wie geschnitten Nägel, besser gesagt. Die Deutschen lieben Nägel. Nägel machen. Nägel machen lassen. Am besten natürlich hier bei ihr im Studio »Linh Nails«.

Generell macht sie lieber Hände als Füße, ganz einfach weil die meisten Menschen hässliche Füße haben und die Schnittmenge von hässlichen UND stinkenden Füßen doch sehr hoch ist. Früher kam es ihr immer fast hoch, wenn sie die Berge von abgehobelten Hornhäuten zusammenkehren und alte Sockenfussel unter den Zehennägeln herauspuhlen musste. Sie hat sich dann ein vietnamesisches Sprichwort über den Arbeitsplatz geklebt:

»Muốn ăn cá phải thả câu.«

Heißt so viel wie: »Wer Fische essen will, muss angeln gehen.«

Mit diesem Spruch über ihrem Kopf fiel ihr das Hobeln und Puhlen gleich viel leichter, lieber stinkende Füße als tote Fische, hatte sie sich eingeredet und einfach weitergemacht. Mittlerweile macht ihr das natürlich alles kaum mehr was aus, selbst die Harzer Roller unter den Käsefüßen nicht, und davon gibt es wirklich viele.

Wenn sie dann trotzdem keine Lust hat, lässt sie die Arbeit von einer Angestellten erledigen. Sechs sind es jetzt, jede Einzelne davon hat sie selbst angelernt. Das

Angebot in ihrem Studio ist riesig: Maniküre, Pediküre, Delfin-Airbrush, Glitzer und 3-D-Figuren, sogar Nagelpiercings wollen die Leute haben.

Ihrer letzten Kundin für heute hat sie soeben French Nails verpasst. Gleich würde sie nur noch schnell den Arbeitsplatz aufräumen und danach wirklich Feierabend machen. Kaum hat sie den Gedanken zu Ende gedacht, betritt eine stämmige Frau das Studio. Sie muss so Mitte vierzig sein und hat ein etwas zu enges rotes T-Shirt an, auf dem mit Glitzersteinchen das Wort »Rebel« steht. Vielleicht sagt sie deswegen auch nicht »Hallo«, weil sie ein »Rebel« ist. Aber eigentlich bezweifelt sie, dass die Frau überhaupt weiß, was das bedeutet.

Sie reißt beide Hände in die Luft und wedelt damit herum:

»Auffüllen?«

Die Frau kann also reden. Sie nickt ihr zu und winkt sie zu sich her. Na gut, die eine, aber nun wirklich letzte Kundin schafft sie auch noch.

Diese lässt sich vor ihr auf den Stuhl plumpsen und hält ihr die Hände jetzt direkt vors Gesicht: »Auffüllen, ja? AUF-FÜLL-EN.« Während sie redet, verzieht sie den Mund, als würde sie ihren Kiefer ein- und aushaken. »SPRICHST DU DEUTSCH? KANNST DU SPRECHEN DEUTSCH?«

Alles klar, so eine also. Die weiß ganz sicher nicht, was auf ihrem T-Shirt steht. Dank dem Mundschutz muss sie nicht mal so tun, als würde sie lächeln. Es wäre wohl sehr merkwürdig, würde sie kein Deutsch sprechen können, obwohl sie in Hannover geboren ist. Sie feilt die alten Gelreste von den Nägeln und zupft die überhängende Nagelhaut weg, so, wie sie es immer macht.

»OHHH, VERHEIRATET, JA?« Die Frau zwinkert jetzt in die Richtung des Eherings, der an ihrem Finger steckt. Den Kiefer bewegt sie dabei nicht mehr ganz so theatralisch, aber gesund sieht es immer noch nicht aus. »In Thailand kennengelernt, ja?? ICH war AUCH schon mal in Thailand, GANZ toll! T-O-L-L!«

Sie könnte jetzt erzählen, wie lustig es war, als sie ihren Mann ausgerechnet im Supermarkt um die Ecke beim Tomaten-Wiegen kennengelernt hat und sie nur ins Gespräch gekommen waren, weil er nicht wusste, dass Fleischtomaten keine Paprika sind. Und dass sie zwar schon ein Jahr danach geheiratet hatten, aber nur damit sie Steuern für ihr Studio einsparen konnte. Allerdings müsste sie dann auch erzählen, dass er noch nie in Thailand war und sie sowieso nicht. Deswegen flüstert sie einfach »Vietnam« durch ihren Mundschutz hindurch, sie weiß ja, was die Frau eigentlich wissen will.

»Ahhhhh!! T-O-L-L!!! Vietnam! Auch da bei Thailand, stimmts? GANZ, GANZ toll da, oder?«

Ist bestimmt ganz, ganz toll da, sie selbst war aber noch nie in Vietnam und hat auch gar nicht vor, da mal hinzufliegen. Am Schluss müsste sie nämlich noch erklären, dass sie wirklich Glück hat, in Deutschland zu sein, überhaupt irgendwo zu sein, weil ihre Eltern 1978 auf einem Gummiboot fast ersoffen wären. Da hat sie jetzt nach dem langen Tag keine Lust mehr zu, deswegen belässt sie es einfach lieber wieder bei einem freundlichen Nicken. Sie poliert sanft die Nageloberfläche, gleich nur noch das Gel drauf, und dann hat sie Feierabend.

Die Frau sieht ihr aufmerksam dabei zu und freut sich anscheinend auch über das, was sie da sieht:

»Ihr macht wirklich GANZ T-O-L-L Nägel!!«

Sie kann sich kaum noch zusammenreißen: Wer macht ganz tolle Nägel? Sie, ihre Mitarbeiter? Die in Thailand oder Vietnam, ihre Ethnie oder einfach die mit Schlitzaugen? Schnaubend trägt sie Nagel für Nagel das rote Gel auf und muss sich konzentrieren, der Frau nicht einfach den Pinsel in die Stirn zu rammen.

Zum Glück lässt der Mundschutz zu wenig Sauerstoff durch, um ihr Blut zum Kochen und sie zum Explodieren zu bringen. Sie schaltet die Wärmelampen ein und gibt der Frau mit einer wirschen Bewegung zu verstehen, dass sie da jetzt ihre Wurstpranken zum Trocknen reinlegen kann. Ihre eigenen Hände faltet sie demonstrativ vor sich auf dem Tisch und schaut der Frau direkt in die Augen. Was denkt die eigentlich, wer sie ist? Gleich fragt sie wohl noch, ob sie ihr den Nacken massiert und wann die Sommerrollen fertig sind?

Die Frau aber lächelt und lässt nichts ahnend ihren Blick durchs Studio wandern. Die Wärmelampen zeigen zwei Minuten Restzeit an, Zeit genug, um sich zu überlegen, wie sie dieser »Rebel«-Kartoffel einen Denkzettel verpassen kann.

Sie denkt an den Spruch über ihrem Kopf: »Muốn ăn cá phải thả câu.« – »Wer Fische essen will, muss angeln gehen.« Von wegen, diesen dicken Fisch würde sie einfach gegen die Wand klatschen.

Kommt hier kurz vor Feierabend einfach in ihren Salon gestampft und belästigt sie mit ihrer Dummheit. Sie wünschte sich, sie könnte … ja, sie wünschte ihr sogar …

Sie erschrickt, so kennt sie sich gar nicht. Und die Frau kennt sie doch auch nicht. Die sieht eigentlich ganz nett aus und tut ihr auf einmal leid. Vielleicht hätte sie der Armen einfach erklären sollen, dass sie dieses Mal einfach ein bisschen danebenlag, die wusste es wahrscheinlich nicht besser. Vielleicht ist das alles nur ein Missverständnis, und vielleicht kann die gar nichts für ihr Unwissen. Sie selbst könnte doch genau in diesem Moment etwas ändern, einen Beitrag leisten und der Frau von ihrer Kindheit erzählen, den Vorurteilen, dem Nagelstudio und natürlich davon, warum ihr Mann nicht den Unterschied zwischen Fleischtomaten und Paprika kennt.

Sie will gerade ansetzen, da piepsen die Wärmelampen, die Nägel sind fertig. Glücklich und zufrieden betrachtet die Frau das fertige Ergebnis und stößt einen tiefen Seufzer aus:

»Haaachhh … T-O-L-L habt ihr das wieder gemacht! Schnell Z-A-H-L-E-N, ja? Wir gehen gleich zum Chinesen Sushi E-S-S-E-N – richtig asiatisch heute alles bei mir, hahaha.«

Sie nimmt ihren Mundschutz ab und holt tief Luft: »Ja, ja, hahaha.«

Sie beschließt, heute doch nichts zu erzählen, und kassiert zehn Euro mehr als sonst ab.

Linda

Seit sie zwölf Jahre alt ist, hat sie auf beiden Augen ungefähr Minus 12 Dioptrien. Damit sieht man ohne Brille
so viel, wie wenn man durch Milchglas guckt, nämlich
gar nichts. Deswegen trägt sie eine Brille, deren Gläser so dick sind, dass ihre Augen aussehen wie riesige
Glupschaugen. Sie sieht dann zwar ein wenig besser,
sieht dafür aber richtig scheiße aus. Neben allen gängi-
gen Brillenschlangen-Witzen hat sie mittlerweile eine
Reihe von Spitznamen angesammelt: Fensterfresse,
Froschauge, Blinda und natürlich Glupschi, auch gern
in abgewandelten Formen wie Glupsch-Glupsch oder
Linda von Glupschenstein.

Das alles wäre ihr erspart geblieben, hätte ihre Mutter nicht dafür gesorgt, dass sie sich die Augen kaputt
schmort.

Natürlich hat die das nicht mit Absicht gemacht, die Glupschaugen hat sie aber jetzt trotzdem. Diagnose: beidseitige Hornhautverkrümmung.

11. August 1999, Tag der totalen Sonnenfinsternis, ein Happening, das nicht nur die Nation, sondern auch ihre Familie in große Aufregung versetzt hatte. Auf keinen Fall direkt reingucken, das war allen klar, deswegen hatte sich so ziemlich jeder Mensch eine spezielle Brille besorgt, die einen vor allen Hornhautverkrümmungsgefahren bewahren sollte. Außer sie. Ganze zwei Deutsche Mark wollten diese Halsabschneider von Optikern für das Plastikding haben, unmöglich, fand ihre Mutter, einfach viel zu viel Geld. Und erst recht zu viel für Kinderaugen.

Zum Glück hatte sie bei ihrem Friseur in einer Zeitschrift gelesen, man könnte sich auch einfach selbst einen Sonnenfinsternis-Beobachtungs-Apparat (so nannten sie das) bauen, ganz ohne Geld, aber mit gleicher Funktion. Da die Anleitung dafür nur leider in der Zeitschrift abgedruckt war und diese zum Zeitpunkt der Sonnenfinsternis immer noch beim Friseur lag, bastelte ihre Mutter einfach aus der Erinnerung heraus. Am Schluss bestand der fertige Sonnenfinsternis-Beobachtungs-Apparat aus einem Schuhkarton, in den sie vorn und hinten mit einer Nagelschere ein Loch gebohrt hatte, fertig. Ihre Mutter ist eher der Typ Frau, dem man nicht so gern widerspricht, deswegen hatte sie lieber darauf verzichtet, ihre Bedenken zu äußern, und freute sich auf das anstehende Naturschauspiel.

Ihre Mutter hatte natürlich keine Zeit für so einen Sonnen-Firlefanz und schickte sie zur Schlingel-Oma, die, weil sie eine Oma war, logischerweise immer Zeit hatte.

Schlingel-Oma hieß Schlingel-Oma, weil sie irgendwann mal einen Dackel hatte, der Schlingel hieß, weil er so ziemlich jedem, der ihm zu nahe kam, seine kleinen spitzen Zähne in die Wade rammte. Der Schlingel war schon lange tot, aber seine Legende lebte in Form des Namens weiter. Die Schlingel-Oma und sie hatten sich eine beliebte Lichtung ausgesucht und warteten also darauf, dass es dunkel wurde.

Als sich der Mond langsam vor die Sonne zu schieben begann und alle anderen ihre coolen, supersicheren, superteuren Zwei-Mark-Brillen aufsetzten, guckte sie durch das Hornhaut-Zerstörungsmodul. Um sie herum war nur noch »Ohhhhh« und »Aaaahhhhhh« zu hören, während sie erst mal panisch eine gefühlte Ewigkeit versuchte, den Sonnenfinsternis-Beobachtungs-Apparat auf das gewünschte Objekt, die Sonne, oder halt den Mond, wie auch immer, auszurichten, um dann, ha, das musste diese Sonnenfinsternis sein, einen schwarzen Fleck mit Leuchtrand zu entdecken.

Hatte sie sich jetzt irgendwie anders vorgestellt, aber ja, sah cool aus. Und hell. Sehr hell sogar. Fand auch ihre Oma:

»Mensch, großartig! Toll!«, sagte sie und zwickte ihre Augen zusammen.

Die Schlingel-Oma interessierte sich wie immer recht wenig für das, was andere machten, und hatte deswegen weder Brille noch Sonnenfinsternis-Beobachtungs-Apparat vor ihrem Gesicht.

Sie guckte sich das Spektakel einfach so an. Zwischendrin beobachtete sie auch die anderen Schaulustigen auf der Lichtung und redete mit sich selbst oder auch mit ihr – oder mit denen, das wusste sie manchmal nicht so genau.

»Mann, Mann, Mann, solche Idioten. Wie dumm die alle aussehen, alle gleich, oder?«

Ihrer Meinung nach war die ganze »Veranstaltung«, wie sie es nannte, nur Panikmacherei, so wie die angebliche Abschaffung der D-Mark, Jahrhunderthochwasser und jetzt eben diese Sonnenfinsternis. Sie hatte schon schlimmere Sachen überlebt. Außerdem war das ja auch nicht die erste Sonnenfinsternis seit Beginn der Menschheitsgeschichte, und die vor 100 Jahren hatten sicherlich keine bescheuerten Plastikbrillen auf der Nase, um in den Himmel zu gucken.

»Jetzt tu halt mal den Kasten weg, guck, da passiert doch nix!«

Da auch die resolute Schlingel-Oma keine Frau war, der man sich gern widersetzte, guckte sie sich den gleißend-hellen Feuerring mit den bloßen blinzelnden Augen an. Nach zwei Minuten war alles vorbei und sie geblendet wie ein Rehkitz nachts auf der Autobahn.

Natürlich hatte auch die Schlingel-Oma einen ordentlichen Sehschaden davongetragen, den hatte sie aber vorher schon, wirklich verändert hatte sich deswegen nicht viel, oder es war ihr schlichtweg egal. Auch das wusste sie bei ihr manchmal nicht so genau.

Egal ob durch den Sonnenfinsternis-Beobachtungs-Apparat ihrer Mutter oder die Anweisung der Schlingel-Oma, die Hornhaut ihrer Augen war auf jeden Fall einfach weggekokelt. Alles verschwommen, weil verkrümmt, Knick in der Optik.

Astigmatismus, irreparabel. »Tut mir leid«, so der Arzt. Sie könne später mal über eine Hornhauttransplantation nachdenken, dabei würde man ihr dann die Hornhaut eines Verstorbenen über ihr eigenes Auge stülpen. Bis dahin müsse sie eben eine starke Brille tragen. Unter den starken Brillen gab es leider nicht viel

Auswahl, weswegen sie beim Dorfoptiker einfach die nehmen musste, die es gab.

Die kramte dieser nach ewiger Suche im Lager aus der letzten Schublade, und so sah sie auch aus. Blaues Gestell mit komisch geriffelten Bügeln, Gläser, so dick wie ihr Daumen.

Modell: Vollidiot.

Weil sie auch trotz der Vollidioten-Brille nur noch sehr schlecht sehen konnte, musste sie sich in der Schule von der vorletzten Reihe, zweite Bank von rechts, direkt in die erste Reihe vor die Tafel setzen, zu den anderen Idioten mit und ohne Brille. Damit war sie auf mehreren Ebenen in der Klassenhierarchie abgerutscht und bei den Coolen nicht mehr erwünscht. Nicht mal Carolin Schneider, die falsche Schlange, von der sie bisher immer dachte, sie sei ihre beste Freundin gewesen, wollte sich noch mit ihr blicken lassen.

Eigentlich wollte sich niemand mehr mit ihr blicken lassen. Zum Glück gab es aber immerhin noch den dicken Dirk in ihrer Klasse, da war sie sehr dankbar für, denn der wurde noch mehr gemobbt als sie.

Der Sonnenfinsternis-Beobachtungs-Apparat hatte nicht nur ihre Hornhaut, sondern auch die zarte Blüte ihres Teenagerdaseins verkohlt und ihr damit jegliche Hoffnung genommen, jemals glücklich zu werden, da war sie sich sicher. So scheiße, wie sie aussah, würde sie nie jemanden finden, und es stand völlig außer Frage, warum sie bis zum heutigen Tage noch nie ein richtiges Date gehabt hatte.

Klar, das eine Mal mit dem Michael Gruber, aber das zählte nicht, weil danach rauskam, dass er sie nur gefragt hatte, um seiner Mutter vorzugaukeln, dass er nicht schwul war. Totaler Quatsch, jeder wusste, dass der Michael schwul war, er sowieso, nur sie halt nicht, hatte sie einfach nicht mitbekommen. Sie bekam eigentlich gar nichts mehr mit, außer sie stand direkt davor oder es wurde ihr erzählt. Da ihr aber außer der eigenen Mutter, der Schlingel-Oma und dem dicken Dirk kaum noch irgendjemand was erzählte, wurde es recht still um sie herum.

Nach der Schule machte sie gar nichts mehr, außer zu Hause rumzuhängen. Sogar ihr Feldhockeytraining, zu dem sie immer zwei- bis dreimal die Woche hingegangen war, hatte sie aus ihrem Leben gestrichen. Also das Training sie, nicht andersherum.

Beim ersten Versuch, trotz eingeschränkter Sicht wieder daran teilzunehmen, hatte sie nämlich kein einziges Mal den Ball getroffen, stattdessen mit ihrem Schläger nur Löcher in den Rasen gehackt und war zweimal gegen Mitspielerinnen gelaufen. Beim zweiten Versuch traf sie zwar den Ball, verwechselte aber das Tor mit dem Lieferwagen vom Platzwart, der daraufhin vor Wut einen Herzinfarkt bekam. Man hatte ihr dann ganz nett geraten, doch bitte nicht mehr zu kommen. Hatte sie irgendwie eingesehen, wenn man das bei ihr überhaupt sagen konnte.

Weil sie sowieso nur noch in ihrem Zimmer saß, hatte sich ihre Mutter erweichen lassen, ihr zum vierzehnten Geburtstag einen Computer zu schenken. Es fühlte sich an wie eine Wiedergeburt, das Internet war ihre Rettung. Wenn sie etwas nicht lesen konnte, zoomte sie ran, wenn irgendwas zu schnell ging, guckte sie es eben von vorn.

Innerhalb weniger Tage hatte sie sich alles heruntergeladen und eingerichtet, von dem sie bisher andere nur hat reden hören: myspace, ICQ und Accounts in allen wichtigen Chatrooms. Profilbilder von sich machte sie natürlich ohne Brille, ob sie gut genug darauf aussah, konnte sie ja dann anschließend mit Brille überprüfen. Auf einmal hatte sie Freunde gefunden, verabredete sich zum Chatten oder zu Online-Spielen, niemand machte sich über ihre verschmorten Glupschaugen lustig, wieso auch, bekam ja niemand mit.

Mit LumpiLuke89, den sie über myspace kennengelernt hatte, verstand sie sich besonders gut. Selbst mit ihrer einst vermeintlich besten Freundin Carolin Schneider, der falschen Schlange, hatte sie sich nie so austauschen können wie mit ihm. Niemand außer ihm hatte ihr gegenüber jemals so viel Interesse gezeigt, geschweige denn Komplimente gemacht. Außer das eine Mal vielleicht, als ihr der dicke Dirk aus der Klasse gesagt hatte, dass sie nicht wirklich aussieht wie eine Fensterfresse, das war schon nett von ihm.

LumpiLuke89 und sie chatteten ununterbrochen, schickten sich Bilder, sogar Herzchen vor dem Schlafengehen und erzählten sich alles. Fast alles. Dass es einer organisatorischen Schwerstarbeit glich, wenn er ein neues Bild von ihr sehen wollte, sagte sie ihm natürlich nicht. Brille runter, hoffen, dass ihre Augen in die Kamera gucken, zur Sicherheit gleich zwanzigmal auf den Auslöser drücken, dann auf den Computer laden. Mit Brille auf der Nase feststellen, dass alle Bilder scheiße aussehen, alles noch mal von vorn, aber das war es wert. Vielleicht würde ihre verkorkste, weil verkokelte Jugend ja bald ein Ende nehmen und sie endlich ihren ersten Freund haben, sofern sie sich niemals mit ihm treffen müsste.

Er fragte sie nie danach, weswegen sie sich auch nie irgendwelche aberwitzigen Ausreden ausdenken musste, besser konnte es gar nicht für sie laufen. Eigentlich.

Anfangs war sie für jeden Tag froh, an dem er sie nicht nach einem Treffen fragte, doch nach ein paar Wochen fand sie es eher merkwürdig, vor allem weil sie in derselben Stadt wohnten. Sie hatte doch nicht umsonst einen Plan entwickelt, mit dessen Hilfe sie sich sogar außerhalb des Computers sehen konnten, also er sie zumindest.

Sie würde ihn natürlich nicht sehen, ohne Vollidioten-Brille im Gesicht, aber dafür selbst den Ort für ihr erstes Date wählen, ein Café, das sie gut kannte, und dann dort tagelang die Wege ablaufen.

Dann könnte sie sogar im Notfall blind wie ein Maulwurf, selbstsicher und elfenhaft zur Toilette schweben. Wie bei einem richtigen Date eben.

Aber dafür musste er sie ja erst mal fragen. Irgendwas war faul. Vielleicht war er gar kein Junge, oder der dicke Dirk steckte dahinter. Oder LumpiLuke89 war in Wirklichkeit ein alter, perverser Typ, der sich in ihre Kamera eingehackt hatte und sie schon bald mit heimlich aufgenommenen Nacktbildern erpressen würde. Sie musste ihn zur Rede stellen.

SIE: Hey.

LUMPILUKE89: Hey :)

SIE: Wir müssen reden, ok?

LUMPILUKE89: Was gibt's?

SIE: Wieso hast du mich eigentlich noch nie nach nem Date gefragt?

LUMPILUKE89: …

SIE: ?

LUMPILUKE89: Warum fragst du?

SIE: Mmmh … Dachte, du findest mich irgendwie gut.

LUMPILUKE89: Tu ich doch.

SIE: Heißt?

LUMPILUKE89: Ich glaub, du magst mich dann nicht mehr:(

SIE: Ich bin morgen um 17 Uhr im Extrablatt, wenn du nicht kommst, ist die Sache gegessen.

So mutig und aufgeregt hat sie sich noch nie gefühlt. Eine ganze Stunde vorher setzt sie sich in das von ihr ausgewählte Café, auf den Platz ganz hinten in der Ecke. Da würde sie ihn gut reinkommen sehen und hätte trotzdem genug Zeit, sich noch schnell die Brille aus dem Gesicht zu reißen. Kurz vor 17 Uhr wird ihr kotzübel vor Aufregung, was ist, wenn gleich nicht er, sondern der dicke Dirk reinkommen würde?

Die Tür geht auf, und sie erkennt ihn sofort, es ist LumpiLuke89.

Die eine Sekunde ohne Brille hat gereicht, um in ihr eine Lkw-Ladung aus Endorphinen auszuschütten, er sieht nicht nur gut aus, sondern ist mindestens hundertmal süßer als auf seinen Bildern. Er kommt direkt auf sie zu, sie umarmen sich, da ist es endlich, ihr erstes Date – und es ist jetzt schon besser als alles, was sie sich je zuvor erträumt hatte.

Sie haben sich kaum hingesetzt, da legt er ihr einen Zettel vor die Nase.

Ihr wird knallheiß, das ist doch jetzt ein Scherz. Er weiß über sie Bescheid, er hat sie durchschaut, das ist sein endgültiger Test.

Sie lacht verlegen: »Was ist das?«

Er schweigt.

Sie starrt auf die verschwommenen Buchstaben, keine Chance, sie kann es nicht lesen.

Es ist vorbei, sie hat verloren, sie gibt auf. Sie kramt die Brille wieder aus der Tasche und setzt sie sich auf die Nase. Jetzt kann sie auch lesen, was auf dem Zettel steht.

»ICH BIN TAUB.«

Sie murmelt: »Da kann ich drüber hinwegsehen.«

Meta

Pralle Brüste, tolle Haut und dicke Haare: schwanger sein, Mutter werden, Mama-Glow. Eine Göttin, eine Heilige, von allen verehrt und bewundert. Immer mit einer stützenden Hand unter dem Bauch und einem erhabenen Lächeln im Gesicht würde sie Tag für Tag immer schöner werden. Das kleine Wunder würde in ihr heranwachsen, sie würde erst ein zartes Tapsen, dann die ersten kleinen Tritte spüren, Namen suchen, Minisöckchen kaufen, Bauch fühlen, Bauch streicheln, Bauch ölen. Sie würde sich verwöhnen und verwöhnen lassen, essen, was sie wollte. Neun Monate im Endorphinrausch würden nicht nur wie im Flug vorbeihuschen, sondern unvergesslich bleiben, und sie in vollen Zügen genießen, was in ihr heranwuchs: ein kleiner Mensch.

Ohne Zweifel würde sie diesen kleinen Menschen auf natürlichem Wege zur Welt bringen und sich nicht aus reiner Bequemlichkeit und Egoismus sedieren lassen, eine selbstbestimmte Geburt, sie als starke Frau würde das ganz ohne Hilfsmittel schaffen – alle starken Frauen schaffen das, schon immer. Sie brauchte einfach nur eine positive innere Grundeinstellung und freute sich darauf, ihr Bewusstsein zu erweitern, an dieser Aufgabe zu wachsen, pure Weiblichkeit zu spüren. Sie freute sich auf Schwangerenyoga, Aquafitness, körperorientierte Vorbereitung mit dem Partner und vieles mehr, außerdem Beckenboden trainieren, den Damm massieren und die wichtigsten Atemübungen durchexerzieren, um sich vollständig einlassen zu können auf dieses intensive Erlebnis: die Geburt.

Die sollte etwas Besonderes werden, nicht nur für sie, sondern auch für ihren Freund. Es würde ein magisches Band zwischen ihnen entstehen, das ihre Beziehung auf eine ganz neue Ebene heben würde. Klar würde es hier und da mal anstrengend werden, keine Frage, doch das gehörte dazu, und gemeinsam könnten sie alles durchstehen. All die Schmerzen und Leiden wären sowieso sofort vergessen, wenn man ihr das kleine, rosige Etwas in die Arme legen und sie nichts als Liebe verspüren würde. Dieser Moment, wenn das Kind dann an ihrer Brust trinken und sie in Tränen ausbrechen würde, Tränen der Freude, versteht sich, Tränen der Liebe. Sie konnte es kaum erwarten, zu einer kleinen Familie zu werden, und sich fast nichts Schöneres vorstellen als das.

Fast.

Am Tag, als sie den Schwangerschaftstest gemacht hatte, fing sie an zu heulen, weil er positiv war. Sie hatte das Ergebnis schon geahnt, weil sich ihre Brüste anfühlten wie zwei zum Bersten volle Wasserbomben. Kurz bevor sie auf das Stäbchen gepinkelt hatte, hatte sie noch gebetet, es würde nicht ausgerechnet vor dem Junggesellinnenabschied ihrer Freundin auf Mallorca passieren, aber die zwei leuchtend roten Striche brüllten »Zu spät!«, und den Urlaub absagen – zu auffällig.

Also flog sie trotzdem, sieben Tage S'Arenal, alle am Feiern, Saufen und Kotzen, sie nur am Kotzen. »Bestimmt Magen-Darm«, immerhin hatte es ihr jeder abgekauft.

Auch zurück zu Hause hing sie nur über der Kloschüssel und war dauermüde. Wenn sie nicht gerade schlief oder sich erbrach, weinte sie. Sie freute sich, schwanger zu sein, war aber auch ein wandelndes Nervenbündel, alles wühlte sie auf: die hochemotionale Tiefe der Merci-Werbung im Fernsehen, oder weil man ihr an der Supermarktkasse den Vortritt ließ. Sie heulte, weil die gleiche Socke beim Wäscheaufhängen zweimal hintereinander herunterfiel, sie heulte, weil die Nudeln zu bissfest waren, manchmal heulte sie auch einfach nur so, war dann aber auch darüber sehr niedergeschlagen.

Im vierten Monat konnte sie sich endlich wieder entspannt außerhalb ihrer vier Wände bewegen, ohne Angst haben zu müssen, irgendwas oder irgendjemanden anzubrechen. Auch konnte man auf dem neuesten Ultraschallbild schon einen kleinen Menschen mit echten Armen und Beinen erkennen. Es war ein Mädchen und sie überglücklich, natürlich musste sie aber auch hier sehr viel weinen – immerhin, da waren sie, die ersten Freudentränen.

Die guten Zeiten schienen angebrochen, und sie konnte sich dank unersättlichem Appetit endlich den Gelüsten einer Schwangeren hingeben: Schokoeis und Pommes, Schokoeis mit Pommes, Hauptsache viel Zucker und Kohlenhydrate oder besser noch, beides zusammen.

Schöner hätten die vier Wochen bis zur nächsten Vorsorgeuntersuchung gar nicht sein können, dann reichte es aber auch wieder mit gut drauf sein, bei ihr wurde ein Schwangerschaftsdiabetes festgestellt. Schokoeis und Pommes, Schokoeis mit Pommes, alles mit Zucker und Kohlenhydraten waren ab sofort ein rotes Tuch, und sie ernährte sich fortan von Dinkel, Quark und anderen Dingen, die aber alle nach Öko-Laden rochen. Der Mama-Glow war immer noch nicht eingetroffen, sie hatte Haarausfall, Schweißausbrüche und sah aus wie eine Dreizehnjährige in der Blütephase ihrer Akne.

Nach dem ersten Mal Schwangerenyoga beschloss sie, keinen Kontakt mehr mit anderen werdenden Müttern zu pflegen. Die aßen im Gegensatz zu ihr freiwillig Dinkel und machten Gipsabdrücke von ihren Bäuchen, wenn sie nicht gerade über die Vorzüge des Abhaltens diskutierten. Sie hörten Schwangeren-Podcasts, lasen Schwangeren-Ratgeber und hatten sich auch sonst von allem verabschiedet, was sich nicht in vierzig Wochen umrechnen ließ.

Die anderen Mitmenschen betrachteten sie nun ebenfalls nicht mehr als Mensch, sondern als Schwangerschaft auf zwei Beinen. Mit der sichtbar großen Kugel war sie zum Allgemeingut mutiert, wie ein Welpe, mit dem man Gassi ging.

»Junge oder Mädchen?«

»Wie viele Wochen?«

»Darf ich mal anfassen?«

Natürlich fragte sie nie irgendjemand, ob man sie mal anfassen dürfe, die fremden Hände wurden einfach ungefragt auf den Bauch gepatscht.

Inzwischen ist sie mittendrin im Mama-Low, hat 24 Stunden Sodbrennen und massenhaft Luft in ihrem Körper, die auf einmal ständig irgendwo aus ihr herauszischt: unten, oben, einfach überall. Dazu die Schlafprobleme, dreimal mindestens pro Nacht muss sie pinkeln und kann nur noch auf der Seite liegen. Ihre Hüfte tut weh, ihr Rücken tut weh, und wenn sie nicht gerade nachts von Wadenkrämpfen aus ihren Träumen gerissen wird, sehnt sie sich nach Zärtlichkeit. Im Gegensatz zu ihrem Freund, der sich aus Angst vor ihren unkontrollierten nächtlichen Flatulenzen nicht nur weigert, den großen Löffel zu spielen, sondern auch mit ihr Sex zu haben. Er möchte seinen Penis nicht in der Nähe des Kopfes seiner Tochter wissen und überhaupt, er kann das einfach nicht. Das erhoffte magische Band zwischen ihnen, eher noch ein zarter Faden.

Je näher der Entbindungstermin rückt, desto mehr entfernt sie sich von dem, was sie sich unter werdendem Mutterglück vorgestellt hat. Bei dreißig Grad im Schatten sind ihre Füße zu zwei dicken Fleischklumpen angeschwollen, die sich nur mit sehr viel Mühe in die veganen Bio-Avocado-was-auch-immer-Schlappen quetschen lassen. Die hat sie beim Einkaufen der wöchentlichen Ration Dinkel, Quark und Latschenkiefer-Essen zwischen dem anderen Öko-Kram gefunden, für mehr Shopping hat sie keine Kraft mehr gehabt. Sie keucht und schnauft, watschelt nur noch umher wie eine frisch gestopfte Ente und muss alle paar Meter Bauch und Rücken abwechselnd stützen. Der Bauch ist riesengroß, die Haut natürlich trotz ständigen Ölens gerissen, und das Highlight, ihr einst wunderschöner Bauchnabel, sieht eher aus wie ein Bauchschnabel. Sie kann nicht mehr.

Als sie eines Nachts das sechste Mal zum Klo schlurft, hört sie nicht mehr auf zu pinkeln. Sie will wieder ins Bett, pinkelt auf dem Weg dorthin zurück weiter und liegt kurz darauf in einer großen Pfütze. Sie weint, nun war sie auch noch inkontinent.

Sie hat Krämpfe und Durchfall, sie schwitzt und stöhnt, legt sich in die Badewanne, wo alles nur noch schlimmer wird. Ihr Freund, nun ebenfalls wach und durchnässt von ihrem Auslaufmanöver, spricht es aus:

»Ich glaub, deine Fruchtblase ist geplatzt.«

Sie haben (auch um das magische Band zwischen ihnen zu stärken) extra einen Geburtsvorbereitungskurs absolviert, um in dieser Situation nicht nur perfekt vorbereitet zu sein, sondern auch um die nötige Ruhe bewahren zu können, weswegen sie jetzt beide in totale Panik ausbrechen.

Der Weg raus aus der Wanne, rein ins Krankenhaus gleicht einem Wal-Transport, und ihr stehen schon jetzt die Schweißperlen auf der Stirn und die Tränen in den Augen.

Sie möchte sofort sediert werden, mit allem, was der Drogenschrank der Hebamme hergibt. Wenn die Schmerzen noch schlimmer werden würden, würde sie das alles nicht überleben.

Die Hebamme lacht.

Sie kommt in den Kreißsaal, eine Klimaanlage gibt es nicht, dafür Schreie aus den Zimmern nebenan, die sich so anhören, als würden zwischen den Geburten auch direkt ein paar Schweine geschlachtet. Ihr Freund ist mittlerweile kreidebleich und fragt nach Lachgas, das sie gemeinsam wegatmen, sobald die Hebamme den Raum verlässt.

Vier Stunden später hat sich weder ihr Bewusstsein noch der Muttermund erweitert, dafür ein neuer Horizont an nie dagewesenen Schmerzen. Das bisschen Lachgas reicht ihr nicht mehr, sie braucht was Härteres, nämlich eine Nadel im Rücken – sie will sofort die PDA. Die Hebamme lacht wieder, denn der Anästhesist ist noch mitten in einer Notfall-OP und kann frühestens in einer Stunde da sein, zu spät.

Nach drei weiteren Stunden ist der Muttermund offen wie ein Scheunentor und fühlt sich an wie der Eingang zur Hölle. Die Austreibungsphase hat begonnen, so stellt sie sich einen Exorzismus vor, die Schmerzen nicht mehr auszuhalten. Ihr Kind, das sich gerade durch den

Geburtskanal quetscht, gleicht einem Medizinball, den man versucht, mit aller Gewalt durch einen Briefkastenschlitz zu stopfen, sie schreit, sie presst, sie kackt, aber keine Spur von ungeahnten Kräften, sie will aufgeben.

Sie weint: »Ich kann nicht mehr!«

Ihr Freund keucht: »Ich kann nicht mehr!«

Die Hebamme lacht: »Ich kann das Köpfchen sehen!«

Der Schädel ihrer Tochter bohrt sich durch sie hindurch, ihr Damm reißt, und sie guckt zwischen ihre Beine.

Die Hebamme zieht den Rest, der an der rotblau verschmierten Kugel hängt, mit der nächsten Wehe aus ihr heraus: Ein verschleimtes, warmes Etwas gibt sein erstes zartes Krächzen von sich, ihre Tochter ist da.

Sie weint vor Schmerzen, weint vor Erleichterung und weint vor Freude, es endlich geschafft zu haben. Das kleine Menschenpaket liegt sichtlich erschöpft auf ihrer Brust, die Plazenta flutscht mit einem letzten Wehenschub aus ihr heraus, und es wird wieder zusammengenäht, was auseinandergerissen wurde.

Dann wird sie von allen Seiten beglückwünscht, zu einer tollen Geburt.

Die Hebamme lacht wieder: »Und, war doch gar nicht so schlimm, oder?«

franzi

MAMA: Hallo, mein Schatz, wie geht's dir?

FRANZI: Geht so.

MAMA: Wie, »Geht so«?

FRANZI: Na, geht so eben.

MAMA: Was ist denn los?

FRANZI: Ich weiß auch nicht, mir fällt irgendwie alles so schwer.

MAMA: Was denn?

FRANZI: Alles eben.

MAMA: Dann lass es doch sein?

FRANZI: Was denn?

MAMA: Ich glaub, du bist verwirrt.

FRANZI: Vielleicht bin ich eher depressiv?

MAMA: Depressiv, depressiv, du jetzt wohl auch noch.

FRANZI: Ach, was weiß denn ich … Jedenfalls bin ich nicht glücklich.

MAMA: Und warum bist du nicht glücklich?

FRANZI: Das ist es doch. Einfach so.

MAMA: Na, dann kann's ja nicht so schlimm sein.

Carmen
& Nadine

Berlin, ein Klub in Kreuzberg, 02:34 Uhr,
in der Schlange vor der Damentoilette

NADINE: Brauchst du lange? Ich wollte eigentlich nur kurz …

CARMEN: Ach so … ja, ich auch. Können auch zusammen rein, wenn du willst.

NADINE: Cool. Hi, ich bin Nadine.

CARMEN: Hey, ich bin Carmen! Oh, die Tür schließt nicht ab, ich stell mich mal davor. Hier, mein Zeug … und mein Handy, ist vielleicht hygienischer als der Spülkasten.

NADINE: Das ist aber schon Koks, oder?

CARMEN: Klar, was sonst, den anderen Scheiß mach ich nicht.

NADINE: Ich auch nicht, gar keinen Bock drauf.

CARMEN: Voll nicht, oder? Wenn, dann nur Koks. Brauchst du 'ne Karte, 'nen Schein?

NADINE: Neee, guck mal, ich hab so 'n Set, da ist sogar 'ne Klinge mit drin. Ich bin jetzt kein Profi oder so, aber wenn ich das schon mal mache, dann wenigstens mit Stil. *(lacht)*

CARMEN: Ich mach das auch nur mal am Wochenende, ist doch nichts dabei.

NADINE: Komm, pack deins wieder weg, ich lad' dich ein, ist richtig guter Stoff. Du kannst ja das nächste Mal legen.

CARMEN: Oh nice, danke!

NADINE: Klar. Wäre ja sonst schon bisschen druffimäßig, wenn hier jeder sein eigenes Zeug auspackt. *(lacht)*

CARMEN: Ey, so was von. *(lacht)* Soll ich für dich halten?

NADINE: Danke. *(SCHNIEF)* Ahhhhh, geil. Jetzt du – das ist deine.

CARMEN: Ich drück mal die Spülung, muss ja nicht jeder mitbekommen. *(SCHNIEF)* Aaaahhh. Danke noch mal, *(SCHNIEF)* du bist 'ne richtige Ehrenfrau!

NADINE: Ehrenfrau? *(lacht)* Und? Wie findest du's?

CARMEN: Boah, ja, voll gut das Zeug! Aber brennt richtig krass. Muss das so?

NADINE: *(lacht)* Ja, klar! Dann weiß man wenigstens, dass es gute Quali ist. Hier, guck, mach mal aufs Zahnfleisch, wird sofort taub alles.

CARMEN: Krass, stimmt, richtig gutes Zeug.

NADINE: Was soll's, komm, ich leg noch eine. Was machst du eigentlich so? Bestimmt auch was mit Medien wie alle in dieser Stadt, stimmt's?

CARMEN: Klar, *(lacht)* Werbeagentur. Klischee-Alarm.

NADINE: Ich bin bei 'nem Label, aber so ein kleines, alles eher Indie und Selfmade, nicht so Kommerz-scheiße. Ich lebe Musik einfach.

CARMEN: Megacool. Hätte ich auch voll Bock drauf, mal was mit Musik zu machen. Klar is Werbung eher Mainstream, aber wir sind total anders als die anderen. Hast du diese Smoothie-Kampagne gesehen, die überall in der Stadt hängt, die mit den Obdachlosen? Bäämmm – die ist von uns.

NADINE: Ach krass, ja, die is echt megafunny. Werbung is ja auch irgendwie cool, also halt, wenn man für die Richtigen Werbung macht, finde ich.

CARMEN: Genau, das sag ich auch immer. Muss halt deep sein und 'ne Message haben.

NADINE: Aber sonst so generell – richtig oberflächlich diese Medienwelt.

CARMEN: Ich fühl sooooooo, was du sagst. Kann da auch nicht so viel mit anfangen, gar nicht mein Ding eigentlich.

NADINE: Bei euch in der Branche koksen alle, oder? *(lacht)*

CARMEN: Ja schon, aber wirklich voll im Rahmen. Wenn, dann nur nach der Arbeit oder halt am Wochenende.

NADINE: Oh, die ist jetzt bisschen groß geworden. Na ja. Hältst du noch mal? Ich finde ja, wenn man nicht übertreibt, geht das voll klar … *(SCHNIEF)* … Hier, die ist für dich, aaaaahhh. *(SCHNIEF)*

CARMEN: Auf jeden Fall, Disziplin ist alles. Findest du das nicht auch total abgefahren, dass wir uns jetzt kennenlernen? Soooooo nice. *(SCHNIEF)* Aaaahhhh.

NADINE: Ja, richtig nice sogar. Ich schwöre, es fühlt sich an, als würde ich dich schon ewig kennen.

CARMEN: Weißt du, genau so was wie jetzt ist Schicksal, und die wenigsten raffen das. Aber wir, wir spüren das einfach.

NADINE: Jaaaaaa Mann, ich muss dich mal umarmen, richtig krass.

CARMEN: Wir sind uns so megaähnlich, ich kann's kaum glauben.

NADINE: Also, ich sag das jetzt echt nicht, weil ich drauf bin oder so, aber wir müssen unbedingt mal was zusammen machen.

CARMEN: Oh Mann, das wollte ich auch gerade sagen.

NADINE: Sag mal, am Donnerstag ist doch diese Vernissage, wo jeder hingeht, da, wo man sich so live tätowieren lassen kann.

CARMEN: Nein … fuck Mann, da bin ich auch!

NADINE: Oh mein Gott! Omg, omg, omg! Das gibt's doch nicht!

CARMEN: Das ist so überkrass, dann sehen wir uns da ja sowieso wieder!!!

NADINE: Soll ich noch eine legen?

CARMEN: Nein, nein, lass mal stecken, jetzt bin ich dran …

Vier Tage später, Berlin-Mitte, Vernissage 20:37 Uhr

NADINE: Oh hey, na?

CARMEN: Ah! Nadine, oder?

NADINE: Genau. Alles klar?

CARMEN: Ja, klar, bei dir?

NADINE: Alles cool, danke.

CARMEN: Cool. Also … ich geh mal wieder zu den anderen an die Bar. Bis dann.

NADINE: Alles klar, cool, bis dann.

Simone

13.30 Uhr, wie jeden Tag sitzt sie mit Greta am Basteltisch. Sie unterhalten sich über das Mittagessen von gerade eben, dienstags gibt es immer diese geringelten Matschnudeln mit Erbsen und Möhren, die finden sie beide scheußlich. Schon mehrfach haben sie sich darüber beschwert, aber das interessiert die da oben natürlich nicht. Sonst würden die sie nämlich nicht direkt nach dem Essen in die Malstunde schicken. Wie soll man nach so einem Fraß kreativ arbeiten können? Gar nicht natürlich, aber wenn man ehrlich ist, gefällt denen hier eh jeder Schnipsel, den man ihnen unter die Nase hält, Kindergarten eben.

Der Anspruch von Greta und ihr ist da ein ganz anderer, sie wollen beide mal Künstlerinnen werden, deswegen verstehen sie sich wahrscheinlich auch so gut.

Thema der Malstunde ist »Familie«. Greta beschließt, eine Katze zu malen, ihre eigene, mindestens zehnmal hat sie die schon gemalt, da muss sie dann nicht so viel nachdenken, wie das geht.

Sie hingegen hat sich etwas mehr vorgenommen, sie möchte ihr Zuhause malen, Mama, Papa, ihren Bruder, wenn die Zeit reicht, aber vor allem sich selbst, versteht sich. Nach einer halben Stunde merkt sie, dass sie sich da aber doch ein wenig zu viel zugemutet hat.

Greta ist mit ihrer Katze schon längst fertig, ganz gut ist die geworden, vielleicht nicht die beste, ein Auge fehlt. Hätte ihr auch passieren können, wer kann ihr das verübeln nach so einem Mittagessen.

Greta hat ihren Schemel etwas näher herangerückt und beobachtet interessiert, was sie aufs Papier bringt. Haus und Familie sind fertig, nur sie selbst fehlt noch. Sie malt sich immer ganz am Schluss, weil sie sich da immer die meiste Mühe gibt und das dann eben am längsten braucht.

Heute hat sie es sich besonders kompliziert gemacht, das Kleid, das sie malen möchte, hat wirklich sehr viele Blumen.

Das scheint auch Greta zu bemerken und beugt sich so nah über ihr Bild, dass ihre Nase dabei fast das Blatt berührt.

So kann sie nicht arbeiten, sie beschwert sich: »Was ist denn?«

Greta sagt: »Das bist doch nicht du.«

Sie zieht beleidigt die Mundwinkel nach unten. Dafür, dass Greta gerade eine Katze mit nur einem Auge gemalt hat, ist sie ganz schön pingelig. Als ob auch nur irgendjemand mit so dicken Wachsmalstiften gut malen könnte, nicht mal Tante Emilia kann das, und die ist am erfahrensten. Zur Strafe dreht sie sich so, dass Greta nichts mehr sehen kann, das gefällt der überhaupt nicht. Greta zieht ihren Schemel auf die andere Seite und zeigt nun mit ihrem Finger direkt auf das gemalte Ich.

GRETA: Wer ist denn das?

SIE: Ich bin das, wer denn sonst?

GRETA: Und warum hast du dann ein Kleid an?

SIE: Gefällt mir halt.

GRETA: Aber du bist doch gar kein Mädchen.

SIE: Ich will aber ein Mädchen sein!

GRETA: Das geht nicht.

SIE: Warum?

GRETA: Benjamin ist kein Mädchenname.

SIE: Dann heiß ich jetzt eben Simone.

GRETA *(nickt zufrieden)*: Dann geht's.

Nadia

Berlin, Schillerkiez, später Nachmittag

Ein neues Café hat eröffnet, sie hat Lust auf Kaffee und geht rein. Die Wände sind mit Holz verkleidet, man sitzt auf bunten Metallhockern, der Mann hinter der Bar trägt einen gepflegten Vollbart und heißt, seinem Namensschild nach zu urteilen, »Ethan«.

»Hallo, einen Kaffee bitte.«

»Coldbrew, Decaf, Deconstructed?«

»Also … Eigentlich wollte ich nur einen Kaffee.«

»*Yeah, haha, right! Aber das ist alles Kaffee.*«

»Ah, okay. Ja dann nehme ich so einen Kaffee.«

»*Also Coldbrew?*«

»Nein, nein, warm! Nicht kalt. Ich nehm einfach das andere.«

»*Alrighty. Deconstructed – is – the – best. In drei oder vier Teilen?*«

»Ich denke … ich nehm dann … die einfache Version?«

»*Cool, gute Entscheidung! Welche Milch?*«

»Habt ihr Bio-Milch?«

»*Hahaha, you're so cute, honey! Alles ist hier bio.*«

»Super, dann die.«

»*Welche denn? Wir haben ALLES! Mandel, Soja, Hafer, Reis …*«

»Oh, also ich wollte eigentlich Milch, also … Kuh-milch?!«

»*Kuhmilch? Honey, du willst doch nicht wirklich Milch aus dem Euter einer Kuh trinken? Bist du ein Baby? Hahaha.*«

»Okay, dann eben Sojamilch.«

»*Well … wenn du mich fragst, ist das auch nicht sooo gut für die Umwelt. What about Mandelmilch?*«

»Von mir aus.«

»*Great! 4,80 € bitte. Zum Hiertrinken?*«

»Auf keinen Fall!«

Susa & Barbara

Die fränkische Sprache ist einfach zu sprechen und schwer zu verstehen. Die Kartoffel wird ganz schnell zur Gadoffel, das Trampolin zum Drambolin oder der Pappkarton zum Babbgadong.

Schwieriger wird es aber, wenn Tennis zu Dennis, der Kuli zum Gulli oder der Putter zur Butter wird. Denn da kann es auch der ein oder anderen Fränkin schon mal passieren, dass sie den Überblick verliert, wenn es beispielsweise um Bohlen geht. Gemeint ist natürlich nicht unser Nachbarland Polen, sondern die Holzbohlen, sogenanntes Schnittholz. Klar für Susa, aber nicht für Barbara.

BARBARA: Wie war's heud im Stall?

SUSA: Herrlich, wir ham etz endlich neue Bohlen.

BARBARA: Neue Bolen?

SUSA: Ja, neue Bohlen. Ganz frische, gestern erst geholt.

BARBARA: Na so was … und … wo habt ihr die her, die Bolen?

SUSA: Ausm Wald natürlich.

BARBARA: Bei uns im Wald sind Bolen?!

SUSA: Ha, wenn du wüsstest, wie viele des sind!

BARBARA: Des is ja kaum zum Glauben. Und dann geht ihr da hin und nehmt die mit in den Stall?!

SUSA: Pssst, ned so laud, so ganz erlaubt is des ned. Aber der Wald is so groß, da merkt des doch ka Mensch ned, wenn wir uns paar von derer Bohlen holen.

BARBARA: Also … also… Ich weiß ja wirklich net. Was machen denn die ganzen Bolen da überhaupt in dem Wald?

SUSA: Der Förster stapelt die immer am Waldrand. Seit Jahren schon. Letzte Woche kamen ganz frische, da konnten wir einfach ned anders, als uns paar unter den Nagel zu reißen.

BARBARA: Und du willst mir etz erzählen, dass man die einfach so mitnehmen kann?!

SUSA: Is ja ned so, als wären die da festgebunden. Wir waren ganz flott, einfach mit dem Hänger hin, zaggi, zaggi alle draufschmeißen, und wieder weg.

BARBARA: Des is doch aber alles illegal, was ihr da macht!

SUSA: Etz übertreib mal ned, gell.

BARBARA: Und … und … was macht ihr etz im Stall mit den ganzen Bolen?

SUSA: Die ham wir um den Dressurplatz gelegt, richtig toll sehen die aus. Kannst du dir doch einfach morgen mal anschauen?

BARBARA: Na, hau mir ab, mit dem G'schmarri will ich nix zu tun ham.

Eva

Am Ende des vor Schnulz triefenden Films über die grenzenlose Liebe zweier Turteltauben, schön mit 90 Minuten durchgängiger Schicksalsmelodie und totem Hauptdarsteller (der erst am Schluss) schreibt seine zurückgebliebene Geliebte in einem Manifest herunter, was sie alles so an ihm geliebt hat. Obwohl ihrer jungen Liebe nur ein paar Monate gewährt wurden, liebt sie so viel an ihm, dass sie mehrere Schriftrollen benötigt und scheinbar auch nie wieder aufhört zu schreiben.

So suggeriert es zumindest der Abspann, denn da mutiert sie auf einmal zur alten Greisin, die immer noch schreibt und das so lange tut, bis sie tot den Stift fallen lässt.

Ihre Freundin, die den Film ausgesucht hatte, erfährt den vollen Serotonin- und Dopamin-Kick und bricht beim großen Herzschmerz-Finale (da, wo der Stift auf den Tisch fällt) in Tränen aus, wahrscheinlich weil sie alle drei »S«, in sich vereint, die ein Mensch für den ultimativen Megaschnulz benötigt: single, sentimental und sensibel.

Während sie selbst froh ist, dass endlich alle tot sind und der Film deswegen vorbei ist, dreht sich ihre hormonberauschte Freundin mit wässrigen Augen zu ihr um: »Was liebst du eigentlich an Daniel?«

Daniel ist ihr Freund und noch lange nicht tot, deswegen hat sie sich bis dato auch noch nicht die Mühe gemacht, alles haargenau auszuformulieren. Sie antwortet:

»Alles, natürlich.«

»Ja, schon, aber was genau?«, will ihre Freundin wissen.

Alles eben. Was für eine dumme Frage, wo soll sie denn da anfangen, sie lieben sich halt. Das ist ja das Tolle daran, die Liebe ist unbeschreiblich, einfach da, die Liebe, Liebe, Liebe, Liebeliebeliebeliebeliebe.

Während sie nach Hause läuft, zermartert ihr diese ach so dumme Frage jetzt dann aber doch das Hirn. Was genau liebt sie an Daniel eigentlich?

Sie sind seit acht Jahren zusammen, dass man da nicht mehr in sabbernde Ekstase ausbricht, wenn man nach den Vorzügen des anderen gefragt wird, ist doch mehr als verständlich. Dieses »Ich liebe das kleine sternförmige Muttermal an deinem kleinen Zeh«-Gesülze ist eine Erfindung Hollywoods und eher was für rührselige Teenager oder eben für sensible, sentimentale Singlemenschen.

Ausgerechnet durch diesen schrecklichen Film motiviert, läuft sie einen Umweg zu ihrer gemeinsamen Wohnung, um herauszufinden, was genau sie alles an ihrem Daniel liebt. Denn würde der morgen ebenfalls aus heiterem Himmel sterben und sie müsste eine Ode an ihre gemeinsame Liebe schreiben, könnte da ja nicht einfach stehen:

»Eva liebt alles an Daniel.«

Bisschen kurz vielleicht. Vielleicht gehört das aber auch einfach so, wenn man so lange zusammen ist.

Alles, was man am anderen liebt, verschmilzt irgendwann zu einem großen Brei, einem zähen, undefinierbaren Brei der Liebe, ist doch gut, wenn man den anderen nicht mehr an ein paar wenigen Dingen messen muss, sondern als großes Ganzes sieht. Daniel, ihr zäher, undefinierbarer Brei der Liebe. Rest in peace.

So schwer kann es doch nicht sein, Daniels beste Eigenschaften in romantische Floskeln zu verpacken.

Angestrengt denkt sie nach, irgendwas Spezielles würde ihr schon gleich einfallen. Außerdem ist es ja sowieso ein bisschen gelogen, dass sie wirklich ALLES an Daniel liebt, ein paar Kleinigkeiten sind da schon, die sie nicht so leiden kann.

Zum Beispiel wenn er auf dem Balkon steht und raucht, also nicht, dass er raucht, stört sie, sondern eher, wie er raucht.

Er schiebt vor jedem Zug seine Oberlippe so komisch nach vorn, als würde er an der Zigarette nuckeln. Es widert sie an, wie genüsslich er dabei die Augen schließt und den Qualm in seinen aufgeblähten Backen sammelt, um diesen dann wieder wie ein Fisch auszublubbern. Der Ekelgrad ist für sie dabei so hoch, er könnte genauso gut einen Joghurtbecher mit seiner Zunge ausschlecken oder tropfende Popel aus seiner Nase essen.

Der Filter seiner Zigarette ist schon nach dem ersten Zug immer so von seiner Spucke durchtränkt, dass es sie wundert, dass die nicht einfach ausgeht.

Den fertig genuckelten Zigarettenstummel knickt er am Ende so lange in den Aschenbecher, bis wirklich der allerletzte Dunst ausgequetscht ist. Sie ist sich sicher, dass das auch der Grund ist, warum die Fingerkuppen seiner Rauchhand diesen gelblichen Schimmer bekommen haben.

Wenn sie ihn dabei von innen auf dem Sofa sitzend beobachtet, wird sie so aggressiv, dass ihr Auge zu zucken beginnt. Wegsehen kann sie aber auch nicht, so wie bei einem Unfall.

Es war sogar schon vorgekommen, dass sie nur deswegen den ganzen Abend nicht mehr mit ihm reden wollte, weil sie sich so in den Ekel vor seinem Balkon-Rauchen reingesteigert hatte. Warum muss er auch so dumm dabei aussehen? Bei anderen Männern sieht Rauchen sexy aus, verrucht und verwegen, und ausgerechnet sie hat einen feucht nuckelnden Blubberfisch abbekommen.

Sexy, verrucht und verwegen ist in ihrer Beziehung nach acht Jahren sowieso nur noch relativ wenig, was allein schon daran liegt, dass sie kaum ertragen kann, wie er versucht, sie anzumachen. Das passiert zum Glück nicht mehr oft, aber wenn, dann ausschließlich abends im Bett oder auf dem Sofa, wie neulich, als sie ihre Lieblingsserie guckten.

Er hatte seine hellgraue ausgebeulte Jogginghose an, auf die ein paar Tage vorher Rahmpilzsoße getropft war, außerdem Söcklinge an den Füßen, deren Gummis sich in sein Fußfleisch drückten. Auch wenn sie allein schon wegen dieser Aufmachung vor Lust vom Sofa hätte rutschen müssen, hatte es noch seine gelbliche Rauchhand auf ihrer Brust gebraucht, mit der er herumdrückte, als würde er testen wollen, ob der Reifegrad stimmt. Dabei hatte er immer so ein lustmolchiges Gesicht wie ein hochpubertierender Dreizehnjähriger, der das erste Mal auf YouPorn landet.

Meistens hat sie dann leider Kopfweh oder Menstruationsbeschwerden, weswegen sie die sexuellen Interaktionen zwischen ihnen an einer Hand abzählen kann. Er ist aber selbst schuld, auch weil er beim Sex immer so ein merkwürdiges Gesicht macht, kurz bevor er kommt. Seine Zunge hängt dann debil aus dem Mund, und seine Augen rollen sich nach hinten wie bei diesem Exorzistenmädchen. Es fehlt nur noch, dass er, nachdem er gekommen ist, kopfüber und rückwärts die Treppen runterpoltert.

Bevor er das nicht endlich änderte, müsste sie sich sicherlich keine Vorwürfe machen, und er müsste selbst sehen, wie er zu seiner Befriedigung kommt.

Zugegeben ist aber auch dieses Thema etwas merkwürdig, denn er geht dafür aufs Klo. Sie stellt sich dann vor, wie er mit heruntergelassener Hose und Porno auf dem Handy auf der Schüssel sitzt und sich mit ihrer teuren Bodylotion einen von der Palme wedelt.

Davon wird ihre Lust auf ihn auch nicht mehr. Und selbst wenn er sich im Badezimmer keinen runterholt, seine anderen endlosen Sitzungen dort regen sie noch viel mehr auf. Ganze Filme schafft er, währenddessen zu gucken. Wie kann man denn so viel Zeit dafür benötigen, seinen Darm zu entleeren?

Was versuchte er, da immer rauszudrücken? Steine? Wenn er das nach gefühlten Stunden (er hat tatsächlich schon mal eine Stunde dort verbracht) endlich geschafft hat, ist das Badezimmer eine kontaminierte Sperrzone, für die sie beim Betreten eigentlich einen dieser Strahlenschutzanzüge inklusive Gasmaske bräuchte. Kein Wunder bei dem Fraß, den er immer in sich reinstopft. Sie selbst liebt gutes Essen, mediterrane Küche oder japanische Delikatessen und kann ewig über die einzelnen Nuancen eines Weins diskutieren.

Er hingegen bestellt beim Italiener Pizza Hawaii und beim Japaner frittiertes Sushi mit Süßsauer-Dip, dazu Colaweizen oder KiBa.

Sie steht mittlerweile vor der Haustür ihrer gemeinsamen Wohnung.

Wenn sie es in 30 Minuten Heimweg nicht schafft, wenigstens eine Sache zu finden, die sie an ihm liebt, dafür aber mehrere Schriftrollen benötigt, um zu sagen, was sie an ihm aufregt, ist die Sache eigentlich klar. So kann das nicht weitergehen zwischen ihnen. Gegensätze ziehen sich vielleicht an, aber sicherlich nicht mehr aus.

Er hat mit ihr den Jackpot gezogen und gibt sich offensichtlich keinerlei Mühe mehr, das zu erkennen. Deswegen muss sie ihm ein Ultimatum stellen und ihm sagen, dass er einiges ändern müsse, wenn er weiterhin mit ihr zusammen sein wolle. Dann, ja dann, würde ihr sicherlich auch wieder etwas einfallen, was genau sie so an ihm liebt.

Sie schließt die Wohnungstür auf. Die Lichter sind alle aus und Daniel anscheinend gar nicht zu Hause. Immerhin kann er dann nicht zigarettenuckelnd auf dem Balkon stehen, das würde sie jetzt nicht verkraften. Sie ist jetzt trotzdem genervt, er hätte ihr wenigstens Bescheid sagen können, dass er später kommt, so was weiß man doch vorher. Nicht mal die Küche hat er aufgeräumt, obwohl sie ihn heute Morgen extra noch darum gebeten hat.

Auf dem Esstisch liegt ein Blatt Papier, die krakelige Schmierschrift erkennt sie sofort, es ist die von Daniel.

Liebe Eva,

Ich kann so nicht
mehr weiter machen,
du erdrückst mich.
Vielleicht wirst du
irgendwann verstehen,
dass nicht ich dein
Problem bin,
sondern du selbst.

Hab meine Sachen gepackt
und bin weg.

Daniel

Sie bricht über dem Tisch zusammen und in Tränen aus. Wie kann er ihr das nur antun, ausgerechnet SIE für die Probleme in ihrer Beziehung verantwortlich zu machen? Das steht doch in jedem Beziehungsratgeber direkt auf Seite 1, dass man den anderen nicht einfach aus Bequemlichkeit für die eigenen Defizite verantwortlich machen darf.

Außerdem hat sie das eigentliche Problem doch gerade eben noch auf dem Heimweg erörtert und herausgefunden, dass er das im Handumdrehen aus der Welt schaffen könnte. Genau genommen sind es ja sogar nur ein paar Kleinigkeiten, die er ändern muss.

Ansonsten liebt sie ihn doch so, wie er ist.

Eben einfach alles an ihm.

Brigitte

Sonntagmorgen, sie sitzt mit Heiner am Frühstückstisch. Im Radio läuft wie immer Klassik Radio, und jetzt ertönt sogar ihr geliebter Chopin. Nocturne in E-flat major, Op. 9, No. 2. Sie kennt das Stück in- und auswendig und spielt es mit, indem sie mit ihren Fingern über die Oberschenkel tippelt.

Schon als kleines Mädchen hat man ihr großes Talent zugesprochen, und vielleicht wäre sie heute sogar eine ebenso große Konzertpianistin, wenn sie nicht so früh schwanger geworden wäre …

Na ja, bereuen darf sie es nicht, es ist alles gut so, wie es ist und nun sowieso zu spät, davon noch zu träumen. Aber vielleicht könnte sie sich ja trotzdem irgendwann mal wieder ein Klavier anschaffen, nur so, zum Zeitvertreib … Ob sie es überhaupt noch kann?

Heiner klopft mit der flachen Hand auf die aufgeklappte Zeitung und reißt sie aus ihren Gedanken. »Die Schlacht der emanzipierten Frau …«, zitiert er und äfft dabei eine sehr unangenehme Frauenstimme nach.

HEINER: Also, ich sag dir, die jungen Leute haben einfach keine echten Probleme mehr. Damals, Brigitte, damals … Vietnamkrieg, DDR, Prager Frühling – DAS waren doch noch Gründe, um auf die Straße zu gehen. Heute läuft jede Durchgeknallte direkt oben ohne durch 'ne Prime-Time-Talkshow, nur weil sie drei Euro weniger verdient als ihr Chef!

BRIGITTE: Reg dich doch nicht so auf, die hat schließlich nicht dich persönlich nach den drei Euro gefragt.

HEINER: Ha, so weit kommt's noch! Der würde ich was erzählen!

BRIGITTE: Was denn?

HEINER: Aufmerksamkeitsdefizit nenn ich das, wenn man sonst keine Probleme hat, einfach ein neues erfinden!

BRIGITTE: Was ist denn das Problem?

HEINER: Schön jahrelang die Klappe halten und jetzt auf einmal fällt denen ein, dass wir Männer an allem schuld sind? Den Schuh zieh ich mir nicht an!

BRIGITTE: Vielleicht weil ihr uns jahrelang die Klappe zugehalten habt?

HEINER: Jetzt fang du nicht auch noch damit an!!!

BRIGITTE: Werd nicht albern, was regst du dich denn überhaupt so auf jetzt?!

HEINER: Da!!! Guck dir diesen Heulbojen-Aufschrei-Artikel doch mal an! Hingeschmiert von irgendeiner BH-losen Praktikantengöre, die behauptet, die bösen Männer würden sie in die Rolle der Hausfrau zwingen und ihr deswegen auch keinen besseren Job geben. ZWINGEN schreibt die!!! Wenn ich mir den Text so anschaue, nehme ich an, dass die bösen Männer vielleicht einfach besser schreiben können als sie!! Ich sag dir, das ist nichts weiter als Provokation, so Frauen wie die wollen einfach auch mal den dicken Max markieren!

BRIGITTE: Mäxin, meinst du wohl.

Sie muss kichern, Heiners Kopf läuft puterrot an. Es ist nicht zu übersehen, dass er sich sehr stark anstrengen muss, um ruhig zu bleiben.

HEINER: Brigitte!! Siehst du denn nicht, was hier gerade passiert? Diese Emanzen-Epidemie macht euch alle ganz matsche im Kopf. Ich, der Heiner, kann da draußen jetzt nicht mal was dagegen sagen, ohne dass mich irgendeine Achselhaar-Emanze hysterisch anbrüllt.

BRIGITTE: Wann hat dich denn das letzte Mal eine von diesen Achselhaar-Emanzen angebrüllt, du bist doch immer zu Hause.

HEINER: Entschuldige mal, dass ich es wage, hier in meinem hart erarbeiteten Heim meine wohlverdiente Rente zu genießen. Mein ganzes Leben bin ICH arbeiten gegangen, damit DU hier zu Hause bleiben kannst!

BRIGITTE: Also gefragt hast du mich ja nicht, ob ich überhaupt zu Hause bleiben will.

HEINER: Und du hast es auch nie infrage gestellt!!

Beleidigt steht sie auf und stampft aus dem Zimmer, obwohl sie das eigentlich nie tun würde, wenn Chopin läuft.

Sie ist durcheinander. Damals stand es gar nicht zur Debatte, dass sie nicht diejenige sein würde, die die fünf Kinder großzieht und das Haus sauber hält. Heute ist sie das Klischee einer Hausfrau, das Weib hinter dem Herd, eine Schmach für die Emanzipation.

Wer ist denn jetzt schuld, dass sie nicht auf den großen Bühnen der Welt an einem weißen Flügel klimpert und sich den Applaus einholt, den sie doch eigentlich verdient hat? Frauen? Männer? Sie selbst oder gar Heiner?

Der steht jetzt ebenfalls beleidigt im Türrahmen und guckt sie mit verschränkten Armen an.

HEINER: Willst du mir jetzt also erzählen, ich hätte die Kinder großziehen sollen, ja?

Sie stellt sich Heiner vor, wie er mit vollgekotzten Mullwindeln über der Schulter und umringt von fünf schreienden Kindern in der Küche steht und kocht.

BRIGITTE: Warum denn eigentlich nicht?

HEINER: Ha, genau, da haben wir es wieder: Jetzt bin ich schuld, dass Madame nicht die Chefin geworden ist. Im nächsten Leben können wir gern tauschen, ich würde nämlich nur allzu gern wissen, ob wir dann auch in so einem schönen Haus sitzen würden!

BRIGITTE: Siehst du, da hast du das Problem: Würden wir nämlich wahrscheinlich nicht.

HEINER: Warum beschwerst du dich denn dann?

@dornroeschen_official

Es war einmal ein Bloggerpärchen, das sich nichts sehnlicher wünschte als ein Kind.

»Ach, wenn wir doch nur ein Baby hätten!«, sagten sie Abend für Abend zu sich und ihren Followern, bekamen aber keins.

Die Frau machte sich große Vorwürfe, denn sie hatte schon vor Monaten angekündigt, Mamabloggerin zu werden, und ihre Community wurde langsam ungeduldig. So trug es sich zu, dass ein Reproduktionsmediziner in ihre DMs slidete und zu ihr sprach:

»Guten Tag, ich bin Dr. Gerd Fichtelhauer und Gründer einer Kinderwunschklinik. Ich möchte Ihnen eine Kooperation anbieten und im Gegenzug Ihren Wunsch, eine Tochter zur Welt bringen, innerhalb eines Jahres erfüllen.«

Leider waren nur noch Mädchen-Eizellen übrig, und der Vater in spe, der neben seinem Lifestyle-Blog, auch CEO eines hippen Start-ups für Fitnessshakes war, war etwas enttäuscht, weil er lieber einen Sohn für Partnerlooks und Crossfit-Tutorials wollte.

Nichtsdestotrotz bekamen sie, genau wie der Reproduktionsmediziner Dr. Gerd Fichtelhauer es angekündigt hatte, knapp ein Jahr später eine Tochter, deren Geburt sie im Rahmen der Kooperation live mit ihren Followern teilten. Das kleine Mädchen war zum Glück richtig babymäßig süß, weswegen sie ihr auch direkt einen Instagram-Account einrichteten, damit wirklich jeder sehen konnte, WIE süß sie doch war.

Schlafend war sie so bezaubernd und generierte so viele Likes, dass sie ihr einfach den passenden Profilnamen @dornroeschen_official gaben.

Weil der Feed von Anfang an etwas ganz Besonderes sein sollte, durfte eine große Baby-Welcome-Party nicht fehlen, die nur von den besten Marken gebrandet werden sollte. Nicht nur Verwandte, Freunde und Bekannte wurden eingeladen, sondern auch Kooperationspartner und alle Mitarbeiter des hippen Fitnessshake-Start-ups und deswegen auch die zwei Weiber aus der Buchhaltung.

160

Streng genommen waren es eigentlich drei Weiber in der Buchhaltung, weil der Vater von @dornroeschen_ official aber die Christa mit den dicken Fesseln noch nie so wirklich leiden konnte, weil die auf Fotos immer so doof aussah, hatte er sie einfach als Einzige nicht eingeladen und gehofft, es würde nicht auffallen.

Die Party war wie erwartet einfach unglaublich fotogen: Sie hatten eine Dachterrasse gesponsert bekommen mit Blick über die ganze Stadt, mit Infinity-Pool und rosa Sekt in Strömen, serviert auf dem Rücken eines rosa angemalten, tanzenden Lamas. Sogar ein gehyptes Blogger-Model-DJ-Duo hatten sie engagiert, um für den perfekten musikalischen Vibe zu sorgen. Es gab personalisierte Armbanduhren für alle, ein Bällebad und eine Blumen-Fotowand, vor der man sich fotografieren und die Bilder sofort posten konnte, damit auch ihre Tochter später mal sehen könnte, wie toll alles wirklich war.

Die Kooperationspartner karrten die tollsten und teuersten Geschenke für @dornroeschen_official an und wollten, großzügig wie sie waren, außer einer kleinen Verlinkung und einem Hashtag überhaupt nichts dafür haben.

Die zwei Weiber aus der Buchhaltung allerdings, hatten, so geizig, wie sie waren, Buchhaltung eben, nur handgeschriebene Zettel als Geschenke mitgebracht.

Die erste, die Jutta, wünschte dem kleinen Mädchen Tugendhaftigkeit. Sie hielt eine ganze Laudatio über Geduld und Fleiß, es war ziemlich langweilig zuzuhören. Gerade als sie bei Nächstenliebe und Seelengüte angekommen und es kaum noch auszuhalten war, platzte plötzlich die dritte aus der Buchhaltung, nämlich die Christa mit den dicken Fesseln, herein. Die war ziemlich sauer, dass man sie nicht eingeladen hatte und polterte, ohne »Hallo« zu sagen oder wenigstens mal an der Fotowand vorbeizugehen, schnurstracks auf die Bühne. Sie riss dem Blogger-Model-DJ-Duo das Mikrofon aus den Händen und plärrte los:

»Zur Strafe, weil ihr mich nicht eingeladen habt, werde ich ab dem heutigen Tag den Account eurer Tochter Tag für Tag verfolgen und alles speichern, was ihr da hochladet. Und wenn ich dann all eure Daten gesammelt habe, wird @dornroeschen_official am Tag ihres vierzehnten Geburtstags sehen können, was ihr Furchtbares angerichtet habt.«

Stille und Verwirrung.

Alle Augen waren auf die Christa mit den dicken Fesseln gerichtet, die bebend und schwer atmend auf der Bühne stand und ihr Handy demonstrativ in die Höhe streckte. Von was redete die denn überhaupt? War sie betrunken? Was genau wollte sie?

Der Vater von @dornroeschen_official konnte sich als Erstes fassen und fragte: »Also ... du drohst uns damit ... dass du jetzt Follower von unserer Tochter wirst?«

»Sehr wohl, ich bin es sogar schon!«, donnerte Christa ins Mikrofon.

Jetzt gab es kein Halten mehr, und die Menge brach in tosendes Gelächter aus.

»ACHTUNG, ACHTUNG, DIES IST EINE DRINGENDE WARNUNG: DIE CHRISTA IST JETZT AUCH AUF INSTAGRAM!!!«, brüllte irgendjemand dazwischen und feuerte die Leute noch mehr an. Man hielt sich die Bäuche, klopfte sich auf die Schenkel und zeigte mit Fingern auf die zornige Christa, die mit einem großen Sprung von der Bühne hüpfte und so schnell wieder von der fotogenen Party verschwand, wie sie gekommen war.

Ihre Kollegin, also das zweite Weib aus der Buchhaltung, die Erika, hatte ihren Zettel mit ihrem Wunsch bisher noch nicht vorgetragen und versuchte, mit dem Programm fortzufahren. Immer noch kichernd richtete sie das Wort an die Baby-Welcome-Party-Crowd:

»Bitte verzeiht, die Christa ist sehr empfindlich und kennt sich in den sozialen Medien nicht so aus. Natürlich können wir weiterhin posten, was wir wollen, was soll denn schon passieren? Vor allem bei einem so süßen Mädchen wie @dornroeschen_official wäre es doch eine Schande, uns nicht daran teilnehmen zu lassen, oder? Mein Geburtstagswunsch an die kleine Prinzessin ist außerdem die Intelligenz. Damit sie nicht nur die besten Kooperationen abgrast, sondern auch nicht so doof wie die Christa wird. Und nun lasst uns feiern!«

Applaus und nickende Köpfe, so weit das Auge reichte. Das Blogger-Model-DJ-Duo heizte so richtig ein, man postete und feierte (und postete das auch wieder) bis in die tiefen Morgenstunden, bis alle Akkus und rosa Sektflaschen leer waren und die Christa mit den dicken Fesseln vergessen war.

Das kleine @dornroeschen_official schlief fast die ganze Zeit über durch und lieferte damit den süßesten Content, den man sich für so eine Baby-Welcomeparty hätte wünschen können, die Eltern waren sehr zufrieden.

@dornroeschen_official wuchs über die Jahre zu einer erfolgreichen Influencerin heran, die von ihren Hunderttausenden Followern geliebt und verehrt wurde und die Familie durch ihre zahlreichen Kooperationen unterstützen und sogar mitfinanzieren konnte. Das musste sie auch, denn das Start-up ihres Vaters war wie fast alle Start-ups den Bach runtergegangen. Auch die Wünsche der beiden netten Weiber aus der Buchhaltung hatten sich erfüllt: Das Mädchen war intelligent, freundlich und selbstbewusst, beschwerte sich nie und lächelte und erzählte Tag für Tag brav in die Kamera, was sie erlebt hatte. Mit Follow-me-Arounds, Hauls, Tutorials, Lip Syncs, Pranks und Challenges aller Art erfreute sie ihre Community, die gar nicht genug von ihr bekommen konnte.

Am Abend ihres vierzehnten Geburtstages waren ihre Eltern zu einer Pop-up-Influencer-Party eingeladen, weswegen @dornroeschen_official ganz allein zu Hause blieb. Sie fühlte sich aber eigentlich nie allein, denn sie war ja zusammen mit ihren Followern, für die sie gleich eine Birthday-Recap-Story drehen wollte. Dort wollte sie ihnen all ihre tollen Geschenke präsentieren, musste sie auch, weil es mit den Kooperationspartnern so vereinbart worden war. Sie stieg die Wendeltreppe hinauf zu ihrem Video-Room, den ihre Eltern ihr für den besseren Look extra eingerichtet hatten.

Als sie die Tür öffnete, erschrak sie fast zu Tode: Der Raum war stockdunkel, die Fenster abgehängt, und im Lichtkegel ihres Selfie-Lichts saß eine alte Frau mit dicken Fesseln, die sie vorher noch nie gesehen hatte: Christa.

@DORNROESCHEN_OFFICIAL: Wer bist du?

CHRISTA: Ich bin die Christa, und ich folge dir, seitdem du geboren bist.

@DORNROESCHEN_OFFICIAL: Ach, wie toll! Willst du ein Foto mit mir machen?

Christa stieg aus dem Lichtkegel und verschwand in der Dunkelheit.

CHRISTA: Ich habe genug Bilder von dir.

Man hörte einen Schalter klicken und @dornroeschen_officials Video-Room wurde von gleißendem Licht erhellt. Von den einst pastellrosa Wänden war nichts mehr zu sehen, Hunderte, nein Tausende ausgedruckte Fotos und Kommentare klebten an den Wänden, den Fenstern, der Decke und sogar auf dem Boden.

@DORNROESCHEN_OFFICIAL: Was ist das?

CHRISTA: Oh, das? Das ist nur dein Leben. Guck, hier: Da hast du neben dein Töpfchen gekackt, was für eine Sauerei. Hat ja meiner Meinung nach sowieso bisschen lang bei dir gebraucht, das Windelgescheiße, klappt das mittlerweile?

Oder hier, da hattest du eine Kooperation mit dieser Firma, die dann wegen Kinderarbeit in Entwicklungsländern vor Gericht stand. Haha, paradox, nicht wahr?

@DORNROESCHEN_OFFICIAL: Und wer sind die ganzen Leute da?

CHRISTA: Aber, aber! Die kennst du doch schon längst. Das sind deine Follower. Hier, der @herbiklaus67 zum Beispiel folgt dir, seit du fünf bist, der kann ohne deine Videos gar nicht mehr einschlafen. Oder hier, @kleines_woelkchen7, bestimmt einer deiner größten Fans, ernährt sich extra wegen dir nur noch von diesen tollen Fitnessshakes! Bisschen dünn, aber was für ein Erfolg, oder?

@DORNROESCHEN_OFFICIAL: Wieso weißt du überhaupt, wo ich wohne?

CHRISTA: Hahaha, ach, du bist mir ja eine. JEDER weiß, wo du wohnst! Du nimmst uns doch jeden Tag mit in die Schule, ins Ballett, zu deinen Freunden … ich weiß eigentlich immer, wo du bist. Also jeder weiß immer, wo du bist.

@DORNROESCHEN_OFFICIAL: Und das, das bin aber nicht ich.

CHRISTA: Doch, doch! Also, ja, es ist nicht dein Gesicht, aber dein Körper! Toll, diese Technik, oder? Schnippschnapp, Kopf ab, neuer drauf. Die haben nur deinen Körper gebraucht, weil der die Männer da draußen so zum Schmelzen bringt.

@DORNROESCHEN_OFFICIAL: Da bin ich acht Jahre alt!

CHRISTA: … ach so, ja, ich mein natürlich die Männer, die auf kleine Mädchen stehen. Haha, gruselig, oder? Guck mal, auf den Fotos bist du sogar mit deinem eigenen Kopf … Huiuiui, wer da wohl drauf steht … vielleicht @herbiklaus67?

@DORNROESCHEN_OFFICIAL: Mach das sofort weg!

Christas Miene verdunkelte sich.

CHRISTA: Das, liebes @dornroeschen_official, ist leider zu spät.

Als Christa wieder verschwunden war, geriet @dornroeschen_official in Panik. So hatte sie das Ganze noch nie gesehen, schließlich hatte man es ihr auch nie gesagt. Sie machte sich sofort daran, alle Bilder und Videos, die sie auf all ihren Kanälen finden konnte, zu löschen.

Doch innerhalb kürzester Zeit poppten Accounts von Leuten auf, die sich angeblich Sorgen um @dornroeschen_official machten. Dort luden sie genau die Fotos und Videos hoch, die sie doch gerade noch gelöscht hatte – und von Minute zu Minute wurden es immer mehr:

#WhereAreYou – #MissingYouDornroeschen – #BringHerBack – #LostDornroeschen

Fake-Accounts, Fan-Accounts, Spam-Accounts voll mit ihrem Leben, aber irgendwie doch ganz ohne sie. Ihr Leben lag in den Händen, in den Handys von anderen, ohne dass sie es gemerkt hatte.

Diese Erkenntnis schockierte sie so sehr, dass sie in einen komatösen Schlaf fiel und nicht mehr aufwachen wollte. Und wenn sie bis heute noch nicht aufgewacht ist, dann schläft sie auch noch heute.

Iris

Wie jeden Abend sitzt sie betrunken in der Küche und hört Radio. Ein Kerl trällert sich die Seele aus dem Leib, es geht um junge sexy Frauen, sie gluckst amüsiert. Wenn die armen sexy Frauen wüssten, dass über sie garantiert niemand mehr singen würde, wenn sich ihre Arschbacken ab vierzig wie Magneten Richtung Erdboden ziehen. Ach, könnte sie ihnen das doch alles nur ersparen, denkt sie sich, aber wer kann das schon, so läuft so hängt das eben.

»Auf euch, Mädels«, raunt sie andächtig und prostet mitfühlend dem Radio entgegen. Sie spült die Schlaftablette mit einem großen Schluck Rotwein runter, dann mit noch einem Schluck und noch einem Schluck, damit sie auch diese Nacht gut schlafen kann. Die Tablette wirkt gut und schnell, manchmal auch zu schnell, und sie wacht dann mitten in der Nacht auf, immer noch am Tisch sitzend, mit steifem Nacken und Sabber auf dem Hemd, der ihr aus dem Mund gelaufen ist.

So schleppt sie sich ins Wohnzimmer auf das mintgrüne Samtsofa, das sich mittlerweile nicht nur ergonomisch an ihren Körper angepasst, sondern auch an manchen Stellen dank ihrer nächtlichen Ausdünstungen einen senffarbenen Schimmer angenommen hat. Das findet sie nicht einladend, aber immer noch besser als das Ehebett, das schon lange vor dem Auszug von Thomas seinem Namen nicht mehr gerecht geworden war.

Seit dem Tag, als er das letzte Mal die Tür hinter sich zugezogen hatte, wollte sie sich da auf keinen Fall mehr reinlegen, weil sie dort ein Albtraum nach dem anderen verfolgte, wenn sie überhaupt dazu kam einzuschlafen. Meist lag sie wach bis in die frühen Morgenstunden da und fuhr in einem Gedankenkarussell, aus dem es keinen Ausstieg gab.

Nach einer Woche der totalen Erschöpfung verordnete sie sich selbst eine Therapie aus Alkohol und Beruhigungstabletten, die sie für mindestens zwölf Stunden in einen komatösen Schlaf schossen, aus dem sie frühestens am nächsten Mittag so benebelt aufwachte und es nur so schaffte, auch den Rest des Tages in ihrem neuen Leben zu ertragen – in ihrem neuen Leben ohne Thomas.

Schon lange, bevor er sie verlassen hatte, hätte sie den Braten (das junge Brathähnchen) riechen müssen. Auf einmal färbte er sich die grauen schütteren Haare schwarz, pendelte nur noch zwischen Fitnessstudio und Sonnenbank und hatte seinen Kleidungsstil von »Hauptsache bequem und praktisch« zu »Wie viele Applikationen passen auf eine einzige Hose?« umgestellt. Sogar seinen Ehering hatte er abgelegt, weil er angeblich einfach nicht mehr so »der Gold-Typ« war.

Sie vermutete eine typische Midlife-Crisis wie bei allen Männern um die fünfzig und hatte sich nichts weiter dabei gedacht. Das änderte sich allerdings an dem Tag, als die Maxipackung Viagra aus seiner Tasche fiel. Da mindestens die Hälfte der Tabletten nicht mehr im Blister steckte und er sein Ding seit Monaten auch nicht mehr in sie gesteckt hatte, flog sein Doppelleben auf. Sie vermutete erst ein Dauer-Abo im Puff oder höchstens eine Affäre, auf jeden Fall nichts, was man nicht mit einer kleinen Paartherapie oder einem gemeinsamen Traumurlaub unter Palmen als Zeichen der Versöhnung aus der Welt hätte schaffen können.

Doch das Doppelleben hieß Jasmin, war neunzehn Jahre alt und nicht nur Praktikantin in seiner Speditionsfirma, sondern auch seit geraumer Zeit seine feste Freundin. Sie war großer Fan von Billig-Lingerie, Spa-

Hotels und gefühlsechten Kondomen, extrafeucht, das jedenfalls ließ seine Kreditkartenabrechnung vermuten.

Als sie ihn eines Abends mit seiner Überführung konfrontiert hatte, war er jedoch nicht überrascht, sondern erleichtert, und zog innerhalb von einer Woche aus.

Er sagte lediglich lapidar: »Ach, Iris, glaub mir, es ist besser so. Du verstehst das doch?«

Tat sie nicht, sie verstand gar nichts mehr, durfte aber als Entschuldigung, oder wohl eher als Entschädigung, weiterhin im gemeinsamen Haus wohnen bleiben. Es gehörte eigentlich ihm, das hatte er vor seinem Auszug freundlicherweise noch mal betont, schließlich hatte er es jahrelang abbezahlt, mit dem Geld, das er erarbeitet hatte. Sie hatte lediglich die vier Kinder großgezogen und deswegen nur einen sehr kleinen finanziellen Beitrag, nämlich gar keinen beigetragen und müsse eigentlich dankbar sein, denn anderen Frauen würde es nicht so gut ergehen. Er wünschte sich im Gegenzug eine Kontaktpause, er müsse das ja auch alles erst mal verarbeiten, wahrscheinlich mit Jasmin zusammen, gefühlsecht und extrafeucht.

Seitdem war ein halbes Jahr vergangen und sie innerlich und äußerlich ein Wrack. Sie schwimmt in einem tiefen Loch aus Selbstmitleid und Alkohol, viel Alkohol, und hat beschlossen, sich einfach aufzugeben.

Ihre Aktivitäten außerhalb des Hauses beschränken sich nur noch auf Supermarkteinkäufe, bei denen sie für flüssigen Nachschub sorgt und dabei anderen endlich die Möglichkeit gibt, sie begaffen zu können: Eine kaputte Ehe ist in einem kleinen Dorf wie ihrem ein echtes Happening und Gesprächsthema Nummer eins. Vor allem die Weiber aus der direkten Nachbarschaft haben große Freude daran, alle Einzelheiten aus ihrem tristen Leben zu analysieren.

Veronika, die direkt nebenan wohnt, reißt immer sofort die Gardinen beiseite, sobald sie das kleinste Geräusch erahnen kann. Wenn sich ihre Blicke zufällig treffen, tut sie so, als würde sie Fenster putzen oder konzentriert telefonieren, und nickt freundlich. Letztens hat sie vergessen, das Fenster zu schließen, und sie konnte Veronika dank ihrer markanten Entenstimme laut quaken hören:

»Schon das von Iris gehört? Ich wusste gar nicht, dass die so 'ne Suffbirne ist.« – »Ja, ja … schlimm, oder? Ganz ehrlich, da hätt' ich die auch verlassen. Und hast du gesehen, wie schrecklich die aussieht? So, wie die sich gehen lässt, muss die sich nicht wundern, wenn der arme Thomas aus dem Haus rennt.«

Für alle ist klar, dass sie der Grund allen Übels gewesen sein musste und es gar keine andere Möglichkeit für den armen Thomas gegeben hat, als sie für ein jüngeres Exemplar zu verlassen.

Die ehemals gemeinsamen Freunde sind auf einmal nur noch seine Freunde, auf irgendeine Seite muss man sich ja stellen, und so, wie sie seit der Trennung drauf ist, fällt die Entscheidung wohl allen sehr leicht. Für lustige Grillabende heult und säuft sie zu viel und würde am Schluss nicht nur alle an die eigene beschissene Ehe erinnern, sondern allen wahrscheinlich auch den ganzen Abend versauen, so will man sein wohlverdientes Wochenende nicht verbringen.

Also lädt sie niemand mehr ein. Bis jetzt.

Eigentlich öffnet sie seit Wochen keine Briefe mehr, aus Angst vor den anstehenden Scheidungspapieren oder anderen Bürokratie-Monstern, dazu Rechnungen aller Art, um die sich ihr ganzes Leben lang ausschließlich Thomas gekümmert hat. Doch der Brief, den sie jetzt aus dem Briefkasten fischt, sieht verschnörkelt und unschuldig aus, die Schrift kommt ihr vertraut vor.

Es ist die Einladung zur Silberhochzeit von Hannah und Roland. Sie wird emotional, so wie immer, wenn sie an das erinnert wird, was nicht mehr ist. Wie schön es doch war, wie schön es noch hätte sein können, wenn es nicht passiert wäre. Eigentlich würden sie und Thomas jetzt zusammen zu dieser Feier gehen.

Aber die Einladung ist nicht an sie adressiert. Sie ist adressiert an Thomas und …

… Jasmin.

Liebe Jasmin, lieber Thomas,

hiermit laden wir Euch ganz herzlich zu unserer fröhlichen Gartenparty ein, um nicht nur unsere Silberhochzeit, sondern auch unsere unendliche Liebe mit all unseren Freunden zu feiern.

Wann: Samstag, 17. Juli
Wo: Bei uns zu Hause

Wir freuen uns auf Euch,
Hannah & Roland

Sie ist außer sich: Wie können die es wagen, sie und Thomas getrennt voneinander einzuladen? Wie können die ihr zumuten, auf diese Teenagergöre zu treffen, nach allem, was passiert war? Sie kramt im Briefkasten und sucht ihre eigene Einladung, vergebens. Sie ist gar nicht eingeladen. Sie greift wieder nach dem ersten Brief.

»Liebe Jasmin, lieber Thomas.« Ihre Augen bleiben auf dem Namen hängen, den sie kaum erträgt zu lesen: »Jasmin.« Wie komisch sie den schon geschrieben haben, so dick, als würden sie ihn extra betonen wollen. Moment mal, war das Tipp-Ex? Sie rubbelt mit dem Finger über die Stelle, die ihr verdächtig entgegenleuchtet.

Unter den weißen Krümeln erscheint, was dort eigentlich hingehört: Iris.

Hannah und Roland, diese abtrünnigen Überläufer, diese Verräter, diese Heuchler, haben doch tatsächlich die Frechheit gehabt, einfach ihren Namen zu übermalen.

Noch letztes Jahr waren sie zusammen im Urlaub auf Gran Canaria gewesen, hatten diese elende Silberhochzeit sogar miteinander geplant, und sie selbst war es gewesen, die Hannah ermutigt hatte, ein großes Fest zu feiern.

Diese hinterhältigen Ratten. Man hat sie ausgetauscht, ersetzt und mit ein bisschen Tipp-Ex aus dem Leben radiert. Iris heißt jetzt Jasmin, fertig.

Doch so einfach würde sie es ihnen nicht machen. Sie guckt auf den Kalender, Samstag, 17. Juli, das ist heute und das Haus von Hannah und Roland nur ein paar Straßen entfernt.

Sie macht sich gar nicht erst die Mühe, ihren versifften Jogginganzug abzulegen oder sich zurechtzumachen. Diese fröhliche Gartenparty-Gesellschaft soll das bekommen, was sie sowieso von ihr erwarten.

Sie ext den Rest vom Abend vorher aus der Rotweinflasche und stapft in ihren Filzpantoffeln los, Richtung Showdown.

Bereits von Weitem hört sie Gute-Laune-Jazz, amüsierte Gemüter und aneinanderklirrende Gläser. Auch Thomas und seine Viagra-Praktikantin scheinen schon eingetroffen zu sein, denn sein neuer Alter-Verschleierungs-Wagen, ein gelber Ford Mustang GT Midlife Crisis, steht vor der Einfahrt.

Sie reißt das Holzgatter auf und einem jungen Mann, der gerade ein Tablett mit Sektflöten befüllt, die Flasche aus der Hand. Kaum hat sie diese vom Mund abgesetzt, ist es Veronika, die Ente von nebenan, die ihre Anwesenheit als Erste bemerkt: »Iris?«

Dank ihrer quakigen Stimme bekommt jetzt jeder im Umkreis von zehn Metern mit, dass sie hier ist. Sie brüllt: »Ja, Iris ist hier! HÖRT IHR??? MICH GIBT'S NOCH!!!«

Hannah, der ihr Einladungs-Verwechslungs-Fauxpas nun endgültig bewusst wird, kommt wie eine Hornisse angestochen und legt beschwichtigend den Arm um sie, mit dem sie sie auffällig unauffällig wieder Richtung Ausgang schiebt.

»Oh, Iris, schön, dich zu sehen, äh, gut siehst du aus! Wie geht's dir, alles super?«

Sie schüttelt ihren Arm von der Schulter. »Ja, alles super, danke der Nachfrage! Fickt dein Mann eigentlich immer noch seinen Friseur?«

Sie dreht sich zurück zum Rest der Geburtstagsgesellschaft und blickt in reihenweise entsetzte Gesichter, darunter auch in das von Thomas. Der krallt sich in seinen zweiten Frühling Jasmin und japst nach Luft. Sie will gerade zum Rundumschlag ausholen und ihnen endlich allen sagen, was sie verdient haben – da muss sie auf einmal lachen. Sie kann gar nicht mehr aufhören zu lachen. Sie weiß jetzt, warum sie niemand mehr einlädt,warum sie gefürchtet wird wie ein ansteckender Virus.

Weil sie Angst vor ihr haben. Sie haben Angst, dass ihnen das Gleiche passieren wird wie ihr.

»Wisst ihr was?«, keucht sie und hebt die Arme wie ein Gespenst nach oben. »Buh!«

Sophie

Chat-Messenger, Dienstag, 17:16 Uhr

DANNY88: hey, süße wie geht's

SOPHIESUNSHINE: hey ^^

DANNY88: Lust zu chatten?

SOPHIESUNSHINE: ja ok

DANNY88: wie alt bist du?

SOPHIESUNSHINE: 12 und du?

DANNY88: bin 24 … arg schlimm?

SOPHIESUNSHINE: hmm das is mir eig zu alt ^^

DANNY88: Also ich hab kein Problem damit. Ist doch nur ne Zahl. und bin ja kein Opa :)

SOPHIESUNSHINE: ja ok stimmt auch irgendwie

DANNY88: Cool dann lass uns gemütlich machen :) Bist du auch zuhause am langweilen?

SOPHIESUNSHINE: ich muss lernen :(

DANNY88: asooo hihi. na dann versuche ich dich mal abzulenken *frech grins* woher kommst du? nur bisschen schreiben :)

SOPHIESUNSHINE: von Nürnberg in der nähe und du?

DANNY88: ich aus Karlsruhe. magst dich mal zeigen?

SOPHIESUNSHINE: weiß nicht ich kenn dich ja gar nich

DANNY88: ich kann dir ja eins von mir schicken dann kennst du mich :)

SOPHIESUNSHINE: ok wenn du willst ^^

danny88 schickt Bild

DANNY88: wie findest du mich? komm grad aus der Dusche :)

SOPHIESUNSHINE: ganz hübsch ^^

DANNY88: will dich mal sehen!!! ich wette du bist richtig süß

SOPHIESUNSHINE: heute nich so… muss mal off… cu :)

DANNY88: oh ok vllt bis morgen :)

Chat-Messenger, Mittwoch, 14:46 Uhr

DANNY88: na süße was machste?

SOPHIESUNSHINE: nichts besonderes ^^

DANNY88: musste grade an dich denken... hab von dir geträumt

SOPHIESUNSHINE: uh was denn?

DANNY88: wollen wir lieber whatsapp chatten? irgendwie persönlicher :)

SOPHIESUNSHINE: ok ^^

15:17 Uhr

DANNY88: noch da? *Schnurr*

SOPHIESUNSHINE: ja ^^

DANNY88: biste eig single?

SOPHIESUNSHINE: ja und du

DANNY88: ich auch :) zeig dich mal will dich so gern sehen

SOPHIESUNSHINE: hab grade was blödes an eher nicht so

DANNY88: kannst du ja ausziehen hihi *grins* schick einfach nur gesicht ok?

SOPHIESUNSHINE: ok aber bin jetz nich sooooo hübsch ^^

Sophie schickt Bild

DANNY88: du siehst voll sexy aus O__o

SOPHIESUNSHINE: hm wenn du meinst thx ^^

DANNY88: kann ich dich mal was fragen?

SOPHIESUNSHINE: ja klar was denn??

DANNY88: auf was stehst du so bei jungs?

SOPHIESUNSHINE: weiß nicht…

DANNY88: wenn du magst können wir auch mal chatten mit video

SOPHIESUNSHINE: das mag ich nicht so glaub ich ^^

DANNY88: hmm schade :(

WhatsApp, Donnerstag, 19:22 Uhr

DANNY88: hey süße lange nichts gehört...

SOPHIESUNSHINE: sry ^^

DANNY88: was machst du grad?

SOPHIESUNSHINE: lieg schon im bett bisschen sachen anschauen^^

DANNY88: würde DICHHH so gern anschauen :) magste mir ein Bild schicken?

Sophie schickt Bild

DANNY88: du bist sooo hübsch O___o

SOPHIESUNSHINE: thx ^^

DANNY88: deine Lippen kann man bestimmt voll gut küssen... was hast du eig da an sieht voll süß aus :)

SOPHIESUNSHINE: eig nur so sachen zum chillen ^^

DANNY88: soll ich dir was sagen…

SOPHIESUNSHINE: ??

DANNY88: hab mich glaub ich in dich verliebt *grins*

SOPHIESUNSHINE: weiß nich was ich sagen soll ^^

DANNY88: kannst du mir noch ein Bild schicken? kannst ja mal bissi mehr zeigen :)

SOPHIESUNSHINE: ok aber nur bisschen ^^

Sophie schickt Bild

DANNY88: noch eins noch eins du bist sooooo süß O___o kannst mir ja mal deinen bh zeigen… ist ja nur für mich :)

SOPHIESUNSHINE: ok aber wirklich niemand zeigen ok ^^

DANNY88: *versprochen*

Sophie schickt Bild

DANNY88: willst du jetz mal meinen steifen Penis sehen?

19:45 Uhr

DANNY88: hey noch da?

20:23 Uhr

DANNY88: hey süße warum antwortest du nicht?

21:01 Uhr

DANNY88: wenn du nicht antwortest schick ich dein kleines Tittenbild vielleicht mal an deine eltern damit die sehen was du für eine kleine Schlampe bist?

SOPHIESUNSHINE: wieso schreibst du mir sowas jetz

DANNY88: du hast mich echt enttäuscht du bist doch nur eine kleine schlampe, das sollte jeder wissen… deine eigene schuld

SOPHIESUNSHINE: bitte nicht mein bild an jmd schicken

DANNY88: hmm aber dann musst du mir erst beweisen das du mir vertraust dann überleg ichs mir anders
vielleicht

SOPHIESUNSHINE: ok mach ich!!!

21:27 Uhr

SOPHIESUNSHINE: bitte schick das nicht weiter ok?

21:42 Uhr

SOPHIESUNSHINE: hey pls schreib mir was… was
soll ich machen???

DANNY88: du musst mir ein bild schicken wo ich
deine muschi sehen kann

SOPHIESUNSHINE: das will ich nicht

DANNY88: dann lässt du mir keine andere wahl

SOPHIESUNSHINE: ok ich schicks dir warte

Sophie schickt Bild

DANNY88: war doch gar nicht schwer :)

WhatsApp, Freitag, 18:14 Uhr

DANNY88: ich habs mir anders überlegt

SOPHIESUNSHINE: was meinst du??

DANNY88: das bild von deiner muschi ist bestimmt nicht deins das hast du geklaut...

SOPHIESUNSHINE: nein hab ich nicht!!!

DANNY88: kann ja jeder sagen... du denkst wohl du bist ne ganz schlaue, beweis es oder ich frag deine eltern die werden es ja auch wissen

SOPHIESUNSHINE: nein bitte nichtt!!! ich mach echt alles aber bitte nich meinen eltern schicken ok?

DANNY88: aber das ist deine letzte Chance haben wir uns verstanden?

SOPHIESUNSHINE: was soll ich machen?

DANNY88: du kannst mir deine muschi live per video zeigen nur dann weiß ich ja das es echt ist

SOPHIESUNSHINE: ok lässt du mich dann in ruhe?

DANNY88: ja

WhatsApp-Call Sophie an danny88

DANNY88: ok ich glaube dir. echt süß siehst du aus :)

SOPHIESUNSHINE: bitte lösch jetz alles ok ich bin echt fertig

DANNY88: ich mach alles auf einen USB-stick

SOPHIESUNSHINE: und dann?

DANNY88: entweder ich schick ihn deinen eltern oder ich geb ihn dir

SOPHIESUNSHINE: ok geb ihn mir

DANNY88: wir können uns morgen treffen süße, keine sorge ok? wenn du es jmd erzählst weißt du aber was passiert

SOPHIESUNSHINE: und dann lässt du mich in ruhe?

DANNY88: ja ich schick dir jetzt die adresse

SOPHIESUNSHINE: ok

Roberta

Als sie die Fahrertür ihres Autos zuzog, musste sie erst mal laut aufseufzen.

Vor allem an Tagen wie diesen fiel es ihr schwer, die Arbeit Arbeit sein zu lassen. Selbst nach sieben Jahren am Strafgericht war es unmöglich für sie, sich daran zu gewöhnen, dass Mord und Totschlag zu ihrem Alltag gehörten, und leichter wurde es schon gar nicht.

Der zermürbende Fall, den sie heute nach etlichen Monaten endlich zu Ende gebracht hatte, war nicht gerade so verlaufen, wie sie sich das gewünscht hätte. Der Angeklagte, ein Mann Mitte vierzig, hatte seine Frau überfahren. Absichtlich, sagte der Staatsanwalt, aus Versehen, sagte der Angeklagte. Nach der Obduktion der Leiche fand man nicht nur Spuren eines Kampfes, sondern auch die seines Spermas. Vergewaltigung, sagte der Staatsanwalt, sie mochte es härter, sagte der Angeklagte. Obwohl er niedriger saß als sie, hatte er versucht, auf sie herabzublicken.

Aus der Kategorie hatte sie schon einige vor sich gehabt. Ein kurzer Blick in seine Augen hatte gereicht, da war das Urteil in ihrem Kopf schon gefallen und sie mit dem konfrontiert, womit sie sich seit ihrem ersten Tag als Richterin auseinandersetzen musste – hatte sie ein Vorurteil? Woran erkannte sie, ob es sich um ihre Berufserfahrung und reine Menschenkenntnis handelte oder ob sie gerade in Schubladendenken reingefallen war? Führte das eine vielleicht sogar zum anderen?

Sie glaubte, nach so vielen Prozessen zu wissen, ob jemand die Wahrheit sagte oder nicht, aber rein nach dem zu entscheiden, was sie zu wissen glaubte, so funktionierte der Rechtsstaat eben nicht. Ihr war es lieber, wenn zehn Angeklagte ungerechtfertigt mit dem blauen Auge davonkamen, als wenn ein Einziger unschuldig hinter Gittern landete. Für die meisten war das unverständlich, für sie ein Weg, besser mit ihrem inneren Konflikt fertigzuwerden.

Schon im Studium hatte sie sich immer vorgestellt, wie die Mörder, denen sie mal begegnen würde, aussehen würden: Verzerrte Visagen, irre Blicke, ungepflegtes Erscheinen, ein Querschnitt aus der Tatort-Casting-Bank.

Der Protagonist ihres ersten Mordfalls jedoch, ein junger Oberarzt aus gutem Hause (hatte aus Eifersucht einen Kollegen vergiftet) war gut aussehend, gebildet und redegewandt – und wäre ihr Beuteschema gewesen, hätte es da nicht diese kleine Mordgeschichte gegeben. Sie hatte ihn zu lebenslänglich verurteilt und hätte ihn nach dem Prozess am liebsten nach seiner Nummer gefragt. Immerhin wusste sie ja, wo sie ihn finden konnte, bis heute.

Über die Jahre hatte sie sich somit immer wieder die Frage gestellt, ob es für sie als Richterin nicht verwerflich war, Vorurteile zu haben – schließlich waren vor dem Gesetz alle Menschen gleich, und sie war das Gesetz. Gleiches durfte man nicht ungleich behandeln und Ungleiches nicht gleich. Gleiches Recht für alle, das galt auch für Mörder, von denen sie bisher drei verschiedene Typen kennengelernt und auch verknackt hatte:

Die, die es danach furchtbar bereut hatten, die, denen es gar nicht so schwergefallen war, und diejenigen, die es sogar so toll gefunden hatten, dass sie es vielleicht wieder tun würden. Eins hatten jedoch alle achtzehn Täter gemeinsam gehabt, sie waren alle männlich gewesen. Es fiel ihr langsam schwer, gewisse Typen nicht über einen Kamm zu scheren und sich vorzustellen, dass eine Frau genau zur gleichen Tat fähig gewesen wäre.

Der, der heute vor ihr auf der Anklagebank gesessen hatte, hatte zwar versucht, Reue zu zeigen, allerdings war sie sich sicher gewesen, dass es für ihn weitaus schlimmere Dinge im Leben gegeben hatte, als Frauen zu überfahren. Nur Frauen, nicht Menschen im Allgemeinen. Sie wusste, dass jeden Tag ein Typ wie er versuchte, eine Frau zu töten, ständig saßen da Typen wie er, für die es keine Gleichheit gab und die aber doch gleich behandelt werden mussten. Die aus niedrigsten Beweggründen ihre körperliche Überlegenheit ausnutzten, um zu beweisen, wie mächtig sie waren.

Sie hatte sich vorgestellt, wie sein Leben verlaufen wäre, hätte sie ihn schuldig gesprochen. Frauenmörder haben es im Gefängnis nicht besonders leicht, er wäre in der Hierarchie weit unten gewesen, wäre sicherlich selbst zum Opfer geworden und hätte vermutlich viel Gewalt erlebt. Das hätte sie ihm gegönnt, das wäre fair gewesen. Aber nicht rechtens. Es gab keine Zeugen, keine Beweise – und sie hatte ihn freigesprochen.

Im Zweifel für den Angeklagten.

Gleiches Recht für alle.

Runa

Nach fünf Jahren Singledasein in einer Großstadt wie Berlin könnten ihre Ansprüche an einen Mann nicht niedriger sein. Es wäre toll, wenn er einen Job und alle Zähne hätte, ein Wohnsitz wäre wünschenswert, wenn möglich nicht vorbestraft, aber selbst da war sie mittlerweile bereit, ein Auge zuzudrücken.

Sie hatte mit der lächerlichen Utopie abgeschlossen, jemanden beim Bäcker oder Fitness kennenzulernen, und sich deswegen alle Dating-Apps heruntergeladen, die es auf dem Markt so gab. Nach geraumer Zeit hatte sie sich aber auch leider schon mit jedem Psychopathen getroffen, den es auf dem Markt so gab.

Nie sahen sie aus wie auf den Fotos, hatten dafür aber immer eine Extraüberraschung für sie parat. Wie Timur, 34, der laut seinem Profiltext Weltenbummler, selbstständiger Geschäftsmann und auf der Suche nach einer Frau zum Pferdestehlen war. Er war in echt definitiv sehr viel älter als auf seinen Bildern, dafür aber ganz nett und pfiffig. Vielleicht hätte sie sich sogar ein zweites Mal mit ihm getroffen, wenn er nicht verurteilter Drogendealer auf Freigang gewesen wäre.

Oder Kevin, 41, Politiker und Autor, der sich gern mal bei einem guten Glas Rotwein über Gott und die Welt unterhielt. Leider stellte sich heraus, dass er weder Politiker noch Autor war, dafür aber einen eigenen Blog hatte, auf dem er die Zusammenhänge zwischen Echsenmenschen und Tierversuchen in den Katakomben unter dem Berliner Flughafen erklärte.

Auch toll war Matze, 37, leidenschaftlicher Naturbursche und Familienmensch, dem Ehrlichkeit und Toleranz superwichtig waren. Sie verabredeten sich nachmittags zum Eisessen, was sie sympathischer fand, weil sich die meisten nur abends in Bars, mit Option auf Anschluss-Sex, treffen wollten. In seinem Fall wäre aber alles nach Sandmännchen-Zeit zu spät gewesen, weil er seinen zweijährigen Sohn mitgebracht hatte, der ja schließlich auch mitentscheiden müsste, wer seine neue Mama werden sollte.

Besser wurden die Dates mit den darauffolgenden Typen zwar auch nicht, trotzdem hatte sie es immer noch nicht aufgegeben, jemanden zu finden. Irgendwann würde es auch bei ihr klappen, deswegen: neues Match, neues Glück, neuer Mann.

Das war Boris, 32, Regisseur, Kultur-Enthusiast und auf der Suche nach der Einen.

Die Eine, das würde sie sein, war doch klar.

Er fand Chatten blöd und schlug direkt ein Treffen am gleichen Abend in seiner Lieblingsbar vor. Ein Mann, der die Initiative ergreift, ohne Rumgeeier und schüchternes Teenie-Geschreibsel, das imponierte ihr.

Sie brezelte sich auf, zog das Sommerkleid an, von dem sie wusste, dass ihre Brüste ein bisschen größer und ihr Bauch ein bisschen kleiner aussahen, und schrieb ihrer Freundin eine Nachricht, damit im Fall, dass sie einen Serienkiller treffen würde, zumindest eine Person wüsste, wo sie war.

In der Bar angekommen war sie aufgeregt wie immer, und der Typ, den sie hinten in der Ecke an einem Tisch entdeckte, sah ausnahmsweise wirklich mal genau so aus wie auf seinen Fotos – sogar noch besser. Während er sie herzlich umarmte, Küsschen links, Küsschen rechts, roch er unwahrscheinlich gut und schien auch sonst auf den ersten Blick keine schwerwiegenden Psychosen oder Kinder dabeizuhaben. Selbst nach zwei Stunden hatte er noch kein einziges Mal gefragt, was sie von Echsenmenschen oder Drogenhandel hielt, besser hätte es also gar nicht laufen können.

Jackpot!

Sie kannten gemeinsame Leute, hörten die gleiche Musik, und ihr gefiel, wie er ihr in die Augen sah und ihr aufmerksam zuhörte. Er wollte alles über sie wissen, sie lachten viel, tranken viel, und sie merkte, dass sie ihn gut fand, sehr gut sogar.

Er umgarnte sie, wusste, wie man Komplimente machte, und bestellte noch eine Flasche Wein, die er nach ihren Vorlieben auswählte – auch hier kannte er sich aus. Er war ein Gentleman, schenkte ihr nach, gab ihr Feuer, und sie war on fire.

Als er kurz aufs Klo verschwand, schrieb sie wieder ihrer Freundin und hatte ein Dauergrinsen im Gesicht: Sie tippte in Lichtgeschwindigkeit einen ganzen Liebesroman in ihr Telefon und konnte gar nicht aufhören zu schwärmen. Seine Haare, dieser Humor, er las Bücher mit mehr Text als Bildern – er könnte ihr Traummann sein, Liebe auf den ersten Blick? Möglich.

Die Zeit verging wie im Flug, keiner von beiden machte Anstalten, den Abend zu beenden, am liebsten wäre es ihr sowieso gewesen, er würde nie zu Ende gehen.

Mittlerweile hatten sich zwei Flaschen Wein in Luft aufgelöst, und sie war definitiv ein bisschen betrunken, vielleicht auch ein bisschen mehr, auf jeden Fall aber voll liebestrunken. Als um sie herum schon die Stühle auf die Tische gestellt wurden und der Typ hinter dem Tresen alle zwei Minuten genervt auf seine Uhr guckte, standen sie auf und verließen die Bar. Natürlich bezahlte er, es war ihm ein Vergnügen und außerdem eine Selbstverständlichkeit, sie aufgrund der späten Stunde nach Hause zu begleiten.

Also spazierten sie weiterhin viel lachend und rauchend durch die laue Sommernacht. Er legte seine Jacke über sie, sie hakte sich bei ihm ein, alles wie in einer Megaschnulze und genau so, wie sie sich ein perfektes Date immer vorgestellt hatte. Vor ihrer Tür angekommen küssten sie sich, er drückte sie gegen die Hauswand, und sie wollte eigentlich, dass er noch mit hoch kommt.

Er schien nichts dagegen zu haben, denn er machte keinerlei Anstalten zur Gegenwehr, als sie ihn mit in den Hauseingang zog. Dass er die Geste hätte falsch verstehen können, glaubte sie nicht. Es gab auch nichts falsch zu verstehen, sie war eine erwachsene Frau mit Bedürfnissen, wusste, was sie wollte, und war es vor allem leid, etwas nicht zu tun, nur weil man es von einer Dame mit Anstand so erwartete.

Sie knutschten bis in ihre Wohnung, fummelten und kicherten wie zwei Teenager und landeten schließlich in ihrem Bett. Ihr war ganz schwummerig vor Leidenschaft und vielleicht auch von den zwei Flaschen Wein. Vielleicht war es auch doch irgendwie doof, in dem Zustand direkt zur Sache zu kommen, so besoffen fand sie Sex nie richtig gut, und das wäre mit diesem tollen Kerl etwas schade gewesen. Ja, wenn sie es sich recht überlegte, ging das hier alles etwas sehr schnell. Sie drückte sich leicht von ihm weg und überlegte, was sie sagen könnte, damit sie nicht allzu sehr wie die Gebetsschwester vom Dienst rüberkam. Er war zum Glück von der aufmerksamen Sorte und reagierte sofort.

BORIS: Was ist los?

RUNA: Vielleicht machen wir doch etwas langsamer.

Er schien zu verstehen und ließ von ihr ab, nur seine Finger strichen noch über ihre Hüfte. Sie tippelten hin und her und machten sich zurück auf den Weg zu ihrem Dekolleté.

BORIS: Wenn du so vor mir liegst, fällt es mir aber schwer, dich gar nicht anzufassen.

Jetzt bereute sie es ein bisschen, dieses Kleid angezogen haben, genoss aber, wie sehr er sie zu begehren schien.

Es stand ja auch außer Frage, wie sexy sie aussah, sie hatte das Outfit nicht ohne Grund ausgewählt. Dennoch zog sie die Träger des Kleides etwas nach oben.

Er beobachtete sie dabei, grinste und schob sie wieder zu sich. Ganz verbergen konnte sie nicht, dass es sie anmachte, wie er sie anfasste, und doch sträubte sich etwas in ihr, vielleicht auch, weil er eine riesige Beule in der Hose hatte, die er jetzt gegen ihr Bein drückte. Es war ihr unangenehm, ihn noch mal von sich schieben und abweisen zu müssen, und sie ließ es deswegen sein. Sie war es gewesen, die ihn lüstern mit nach oben gezerrt hatte, und jetzt wollte sie auf einmal nur wie Brüderchen und Schwesterchen händchenhaltend nebeneinanderliegen? Albern.

Er schob ihr Kleid nach oben und machte sich zwischen ihren Beinen zu schaffen, seine Beule war inzwischen noch beuliger geworden. Als er seine Hose öffnete, hatte sie sich längst mit dem Gedanken abgefunden, mit ihm zu schlafen, weswegen sonst waren sie in ihrem Bett gelandet.

RUNA: Aber mit Gummi, okay?

BORIS: Ja, klar.

RUNA: Hast du eins?

BORIS: Ne, ich dachte du?

RUNA: Sorry, nein. Ich hab keins.

Während ihr ein kleiner Stein der Erleichterung vom Herzen fiel, weil das fehlende Kondom bedeutete, dass sie doch nicht mit ihm schlafen musste, entgleisten ihm jetzt sämtliche Gesichtszüge. Er guckte sie an, als hätte sie ihm gerade ihre Jungfräulichkeit offenbart, und selbst das wäre ihm wahrscheinlich lieber gewesen. Als ihm bewusst wurde, dass es sich definitiv um keinen Scherz handelte, fing er sich.

BORIS: Du musst dir keine Sorgen machen, hab mich erst auf alles Mögliche testen lassen.

Mal davon abgesehen, dass es ihn gar nicht zu interessieren schien, ob nicht auch sie diejenige sein könnte, in der neben einer florierenden Pilzfarm auch Super-Aids brütete, erklärte sie ihm, dass sie auf Kinderkriegen keinen Bock hatte.

BORIS: Du, wir passen doch auf. Da passiert nichts, versprochen.

Versprochen, ist klar.

Ihre Stimmung kippte, und die Lust war endgültig verpufft. Die unnötige Diskussion nervte sie, außerdem war sie müde, wollte ihn aber nicht komplett vergraulen. Mit engelsgleicher Stimme versuchte sie, ihm nun etwas deutlicher zu verstehen zu geben, dass so zwischen ihnen nichts laufen würde. Mit Erfolg.

Das Gehirn schien wieder die Herrschaft über seinen Verstand übernommen zu haben, denn er rollte sich demonstrativ zur Seite, strich ihr verständnisvoll über die Wange und gab ihr dann einen Kuss auf die Stirn. Ihn jetzt noch um die unchristliche Uhrzeit aus ihrer Wohnung zu schmeißen, fand sie frech, weswegen sie nach kurzer Zeit, nun doch händchenhaltend – das ließ sie schmunzeln – nebeneinander einschliefen.

Bis sie davon aufwachte, dass sie Sex hatten. Also zumindest hatte er Sex mit ihr.

Sie lag auf dem Bauch, er hatte sich über sie gestützt und war voll im Gange. Anstatt ihn instinktiv von sich zu stoßen, machte sie: gar nichts.

Sie bewegte sich nicht, sagte nichts und tat weiterhin einfach so, als würde sie schlafen. Wahrscheinlich würde er gleich aufhören, wenn er merkte, dass sie nicht mitmachte. Tat er aber nicht. Es dauerte eine halbe Ewigkeit, bis er immer schneller stöhnte und schließlich in ihr kam.

Danach legte er einen Arm um sie und fing direkt wieder an zu schnarchen, während sie regungslos und wach bis zum nächsten Morgen in ihrer Position verharrte.

Als er aufwachte, war er nicht mehr der selbstbewusste Charmebolzen, den sie am Abend zuvor kennengelernt hatte. Er zog sich an und fasste sich immer wieder an die Schläfen, dieser Wein, es war vielleicht doch das ein oder andere Glas zu viel. Aber sonst doch ein echt netter Abend, vielleicht würde man sich mal wiedersehen, irgendwann. Sonst verlor er kein Wort über das, was für sie vor gefühlt wenigen Augenblicken passiert war – und verließ die Wohnung.

Auch sie sagte keinen Ton, warum auch, offiziell hatte sie ja gar nicht daran teilgenommen.

Ein paar Tage später traf sie ihre Freundin, die nicht erwarten konnte, jedes Detail ihres Dates zu erfahren.

SABRINA: Und?? Wie war's??

RUNA: Ganz cool, netter Abend, bisschen viel getrunken …

SABRINA: Wie, netter Abend, ist denn was gelaufen?? Hattet ihr Sex??

RUNA: Haha, ja schon …

SABRINA: Ja, und seht ihr euch wieder???

RUNA: Ich denke nicht.